まえがき

戦争や金融危機といった有事には、世の中がどんな力学で動いていたのかが急に見えやすくなるときがあります。「大統領に次ぐ権力者」と呼ばれる米連邦準備理事会（ＦＲＢ）の議長が40年ぶりの高インフレに苦闘する姿を米首都ワシントンの駐在記者として間近で見たとき、それを実感しました。

ＦＲＢは世界最大の経済大国アメリカの「エアコン」です。室温が低ければ温度設定を上げて景気や物価を押し上げ、過熱しそうなら温度を下げます。問題は空調が完全に効くのにざっと1年かかること。物価上昇という目の前の危機と、将来的に経済を冷やしすぎて大量の失業者を生んでしまうリスク。最適解が誰にも分からないなか、出遅れたＦＲＢは歴史に残る急ピッチの金融引き締めで巻き返しを図りました。

誰が何に責任を負ったのか。誰が何から逃げたのか。政治や市場、メディアの動向を含めて、現地で見たこのドラマチックな出来事をまとめたら普段はみえにくいパワーバランスを立体的に可視化できるのではと思い、この本を執筆しました。

日本にとっても対岸の火事ではありません。米国は新型コロナウイルス禍の前まで「日本のようになる」と予想されていました。米国の経験から何かに気づく、この本がその一助になれば望外の幸せです。

図01　2022年以降の米経済は記録ずくめ

2022年	3月	ゼロ金利政策解除（2年ぶり）
	5月	0.5％利上げ決定（利上げ幅は22年ぶり）
	6月	0.75％利上げ決定（利上げ幅は27年ぶり）
		消費者物価上昇率が9.1％に（40年半ぶり）
	7月	欧州中央銀行（ECB）が利上げ（11年ぶり）
	8月	ジャクソンホール会議（3年ぶりに対面開催）
	10月	円相場が1ドル＝150円に（32年ぶり）
	12月	1年でダウ平均9％安、S＆P19％安、ナスダック33％安（14年ぶり）
2023年	1月	失業率が3.4％に低下（53年ぶり）
	3月	米銀シリコンバレーバンク破綻（この時点ではリーマン危機後最大）
		逆イールド（2年債と10年債の利回り差）が1％に（41年ぶり）
	5月	米銀ファースト・リパブリック・バンク破綻 （08年のワシントン・ミューチュアルに次ぐ過去2番目の大きさ）
	7月	政策金利が5.25～5.5％に（22年ぶり）

出所）FRB、日本経済新聞

目次

Contents

第二章 混乱

第三章　巻き返し　93

インタビュー

序章
不安

「生みの親」元政権幹部の疑念

　２０２２年12月。ボストン近郊にあるハーバード大のキャンパスに元米大統領経済諮問委員会（ＣＥＡ）委員長のジェイソン・ファーマン教授を訪ねたのは、一つの疑問を解消するためだった。大統領に次ぐ影響力を持つと言われる米連邦準備理事会（ＦＲＢ）議長。２０１８年にそのポジションに就いたジェローム・パウエルが最初に理事としてFRB入りしたのはその6年前だ。経済アドバイザーとしてオバマ政権の中核にいたファーマンは当時、なぜ野党・共和党の支持者で経済学者でもない法律家のパウエルを抜擢したのか。小雨が降りしきるなか、スケジュールの合間を縫って待ち合わせ場所の研究室に現れた彼の話は実に興味深かった。

　ファーマンの心を揺さぶったのは、11年の債務危機で当時シンクタンクにいたパウエルが見せた行動だった。米連邦議会は政府の債務残高に上限を設けており、それを毎年のように引き上げ続けている。その合意が米社会の分断によって次第に難しくなり、債務不履行（デフォルト）の寸前までいったのが11年だった。与野党がそれぞれの予算案を批判し合って「先に折れたら負け」のチキンゲームに興じるのは23年と同じ構図。だが当時の米議会にはデフォルトのリスクがいかに恐ろしいかを共和党の強硬派議員に訴えて回るパウエルの姿があった。

　債務不履行の危険におびえるオバマ政権から譲歩を引き出す心理戦のなか、パウエルの行動は明らかに敵に塩を送る行為だ。そんな批判を超越したように、資料を入れたファイルを脇に抱えて米議会の廊下を歩き回るパウエルをファーマンは信頼した。

あれから10年。議長となって高インフレを相手に苦闘を続けるパウエルの姿に、ファーマンは不安を漏らした。「彼の良いところはみんなから好かれるところだ。だが、彼の良くないところはみんなから好かれようとしているところなんだ」。かつての硬骨さを失ったというパウエルへの評価は、事前の調整・説明を徹底するあまり後手に回った米国の金融政策への本質的な問いかけである。

中央銀行が政策金利を引き上げると企業の借入金利や住宅ローン金利が上昇して人々の行動は鈍り、経済が冷える。いきすぎると失業者が増え、とりわけ低所得層には教育機会の格差も含めて長期的な打撃をもたらす。金利を低く抑えすぎると今度は企業や個人がリスクを取りすぎてバブルが発生し、将来の経済ショックにつながるマグマを膨張させることになる。政策決定がすぐに生活を一変させる訳ではないのに議長が発言を少し変えただけで株価や為替が大きく反応するのは、市場が将来の実体経済を予測して動くためだ。

やっかいなのは政策効果が出てくるのに半年から2年ほどもかかるということだ。過熱状態になるのを防ぐには「室温が高い」とみんなが思い始めるより前に設定温度を下げておくのが要諦になる。だが「パーティーがようやく盛り上がってきた時間にカクテルの入ったパンチボウルを持ち去る」（ウィリアム・マーチン元ＦＲＢ議長）という空気を読まない行為は理解が得られにくい。「みんなから嫌われても、やるべきことをやる」。そんなやっかいな仕事を完遂するために、中銀は独立性を与えられている。

市場・金融機関、メディア、そして政治。周囲にはそれぞれの思惑があり、「みんな」に好かれようとすればその判断は後手に回るリスクと背中合わせになる。

カリスマなき時代

理想のFRB議長像を巡り、面白いやりとりが22年6月にあった。

国際通貨基金（IMF）が世界の50の中銀について07〜18年の間の金融政策を詳細に分析し、説明責任やコミュニケーションについて指数化した成果を発表するイベントだった。ゲストとしてオンラインで参加した元FRB副議長のアラン・ブラインダーは、過去に成功した金融引き締めの例として70年代の大インフレを終わらせたボルカーとグリーンスパンによる90年代半ばの利上げを挙げ、こう言い放った。「この2人の特徴は、説明責任を果たさなかったことだ」。ボルカーは米議会の席上でたばこをふかし、文字通り議員を煙に巻いた。グリーンスパンは誰にも分からないような隠語で難解な議論を展開し、周囲は彼をマエストロ（名指揮者）と呼んだ。金融政策の透明性こそが重要だと膨大な労力を費やしたIMFのスタッフからの冷ややかな空気に気づいたのか、ブラインダーはこうメッセージを締めくくった。「なんにせよ、きょうは是非チームで乾杯をしてください。お疲れ様でした！」

この発言の真意を後日、本人に尋ねてみた。グリーンスパンの隣で副議長席に座っていたブラインダーは「彼の言葉はコグノセンティ（cognoscenti）のメンバーにしか理解できない」と感じたという。コグノセンティとは、芸術などの世界で優れた知識と理解力を持つ専門集団のことを示す。ハイレベルな言葉の壁で周囲の雑音を取り除き、邪魔をさせない高等技術という訳だ。

しかし「当時と今では状況が違う」とブラインダーは私に何度も強調した。大きく高度に発展した金融市場は金融政策の動向を先んじて織り込み、その動きそのものが金利の変動を通じて実体経済に影響を及ぼすようになった。公的な立場にある組織として説明責任も一段と重視される。あのイベントでの場違いな発言に込められていたのは、カリスマがいた時代への郷愁だった。

取材を通して垣間見えたパウエルはいつも等身大の人だった。FRBが主催した街の人の声を聞くイベント「Fed Listens」では、わずかな休憩時間に慌ててつかんだクッキーをかじりながらレストラン経営者の話に聞き入っていた。ジャクソンホール会議が開かれる山荘のロビーには短パン姿で登場し、サングラスをクルクルと回しながら周囲にあいさつして回った。利上げ開始から1年たったころ記者会見で後悔していることはあるかと尋ねられ、歌手フランク・

FRB本部の通称マーチン・ビルの裏側に広がるホームレスのテント群、2023年2月

シナトラの名曲「マイウェイ」の歌詞と同じ表現で「いくつかある」と返答し、笑いを誘った。

　金融引き締めは、米国で多くの失業者を生み出す可能性のある非情な判断でもある。カリスマなき時代のＦＲＢ議長はその重さを「みんな」と共有してしまっているように見えた。

　ＦＲＢ本部の真裏にホームレス村があることは、あまり知られていない。記者やゲストが出入りするウィリアム・マクチェスニー・マーチン・ジュニア・ビル（通称マーチン・ビル）の正門とは反対側の茂みにあるためだ。だがビルの4～5階の会議室からは、職員用のテニスコートの奥に20を超えるテント群が見渡せるはずだ。新型コロナウイルス禍を経た米国は1960年代にかけて生まれたベビーブーマーの早期退職もあり、歴史的な人手不足だった。失業者1人に対して2件の求人があり、街に求人広告があふれた。それでもホームレス村のテントが一年を通して減ることはなかった。22年は暖冬だったが、氷点下まで冷え込んだ日もあった。

物価の安定と雇用の最大化。FRBの仕事はこうした「窓の外」への想像力を踏まえて、その最大公約数を追求することにある。22年3月から始まった利上げは80年代以降で最速ペースとなり、結果として銀行の破綻も招いた。この判断の是非は今後、歴史の審判を受けることになる。

第一章

誤算

1　遅れた利上げ

再任指名まで解けなかった呪縛

「セントラル・バンカーは、トップ人事が絡む場面で動けないものなんですよ」。２０２２年春、ある中銀幹部は苦笑いしながら私にこう打ち明けた。ＦＲＢの利上げ開始がなぜこんなにも遅れたのか、謎を解く最後のパズルがはまった気がした。

　金融政策を巡る議論でよく使われる言葉に「ビハインド・ザ・カーブ」がある。もともとは物価上昇時にあえて引き締めを遅らせることを意味したが、今では単純に「出遅れ」を示す表現として用いられることが多い。22年３月の利上げまでゼロ金利政策を続けたＦＲＢは、まさにその状態に陥っていた。ＦＲＢが重視する個人消費支出（ＰＣＥ）物価指数[*1]はすでに1年前に目標の２％を突破し、22年に入ってからは６％台に跳ね上がって約40年ぶりの伸びを記録していた。

利上げが遅れた最大の理由はＦＲＢが目の前で起き始めている物価上昇を「一時的（transitory）な現象だ」と誤認したことにある。労働市場は新型コロナウイルス禍からの回復途上で、ウイルスへの新たな変異株など先行きの見通しが立ちにくい難しい局面だった。ただインフレが一時的という見方に対する反論は早い時期からあった。しかもコロナ禍は人口構成や人々の働き方を変える過去に例のない経済ショックだ。予想できない構造変化について、世界でもっとも慎重な中銀のプロたちが世の中よりもやや楽観的に構える姿には違和感があった。議長会見では何度も「一時的」の意味や根拠が問いただされていた。パウエルがこの呪縛からようやく解き放たれたのは21年11月22日。米バイデン大統領が議長の再任を指名した日である。

指名を受けた日のパウエルの声明は極めてシンプルだ。「わたしたちは高インフレが特に食糧・住宅・交通などの必需品の値上がりに対応できない家庭に打撃を与えることを承知している。経済と力強い労働市場を支えるため、そしてインフレ率の上昇が定着するのを防ぐために

＊1　**ＰＣＥ物価指数**
米商務省が毎月公表する物価指標。米労働省が算出する消費者物価指数（ＣＰＩ）と比べて調査対象が幅広いため、ＦＲＢが重視している。新聞記事の見出しには前年同月比上昇率が使われるが、市場関係者は物価の「瞬間風速」を示す前月比に注目することも多い。

手段を用いる」
このわずか3週間前、11月3日に開いた米連邦公開市場委員会（ＦＯＭＣ）[*2]後の声明文にはまだ「インフレは主に一時的とみられる要因によって上昇している」との記述が残されていた。「一時的というなら、高インフレに苦しむ家庭へのメッセージは何なのか」。オンライン記者会見では厳しい質問が飛び、パウエルは眉間にしわを寄せながら「一時的という言葉は人によって理解が異なる」と弁明した。再任が決まった後、初めて開かれた12月15日のＦＯＭＣ後の声明文には「一時的」の文字がすっかり消えていた。

「大きく動こう！」

バイデン大統領は18年2月にトランプ前大統領の指名によって議長に就任したパウエルを再任するかどうか、長く決められずにいた。再任が決まった21年11月は、すでに22年2月の任期切れまで3カ月というタイミングだった。このじりじりとした時間が、ＦＲＢにとっていかに微妙だったのか、当時をざっと振り返ってみたい。

21年1月19日、米上院財政委員会。前ＦＲＢ議長のジャネット・イエレンが女性初の財務長官[*3]に就任するための公聴会がオンラインで開催された。6日に起きたトランプ支持者らによる米議会襲撃事件の余韻は冷めやらず、バイデン氏の大統領就任式を翌日に控えて騒然としたタイミングだった。政権が準備していた1・9兆ドルと空前の規模の米国救済計画法（レスキュープラン）が大きすぎるのではと疑念を呈されたイエレンはこう発言する。「金利が歴史的な低水準にある今、わたしたちにできるもっとも賢明なことは、大きく行動（Act Big）することだ」

ロックダウン（都市封鎖）や空前の規模のレイオフ（一時解雇）を経験した米経済に巨額の財政支出を約束して政権を奪い返したバイデン。彼が指名したイエレンは「大きく動こう！」を合言葉のように繰り返した。

＊2　**米連邦公開市場委員会（ＦＯＭＣ）**
正式名称は Federal Open Market Committee。ＦＲＢが開く米国の金融政策を決定する最高意思決定機関。投票メンバーは計12人。議長・副議長を含む7人の理事と、地区ごとにある連邦準備銀行（連銀）から総裁らが5人加わる。定期会合は年8回開かれるが、緊急時には不定期に開催される。多数決で政策金利などを決定した後、終了後に声明文を公表してＦＲＢ議長が記者会見する。

＊3　**財務長官**
米財務省を率いて、米連邦政府の経済政策運営を担う閣僚。日本の財務相に相当する。金融・経済政策や税制について大統領への助言を行い、策定する。国務長官や国防長官、司法長官とともに、もっとも重要な役職とされる。イエレンは21年に女性として初めて就任した。

米国救済計画法は3月に成立し、現金が米国の家計にばらまかれた。これは彼女自身がのちに「間違えていた」と述懐する通り、米国経済に強いインフレ圧力を生み出していく。

当時の民主党はさらに3・5兆ドル規模のビルド・バック・ベター（より良い復興）計画を実現しようとしていた。11月には超党派で1兆ドル規模のインフラ投資法を成立させた。民主党内にはジョー・マンチン上院議員のように過度なインフレを生み出す巨額財政に慎重な声もあったが、積極財政による「大きな政府」が信条の民主党内では少数派だった。マンチンは21年末、民主党が僅差で過半数を握る上院でビルド・バック・ベター法案に反対し、法案を潰した裏切り者と呼ばれた。

9月にも発表されるとみられていた次期FRB議長人事がFRB高官の不祥事もあって11月にずれ込んだのは、こうした状況下だった。FRBが高インフレの長期化リスクを声高に主張して金融引き締めを示唆すれば、政権が実施した財政政策を批判し、議会で進行中の法案に反対する勢力を勢いづかせることにもなる。雇用指標はコロナ禍の混乱で読みづらく、誰もが経済の現況と先行きの把握に自信を持てない時期でもあった。本来なら政策を大転換すべき時期に、中銀がもっとも政治に弱くなるトップ人事が重なった不運が、結果的に政治との関係を特に重視するパウエルの決断を鈍らせた可能性は捨てきれない。

パウエルの議長再任人事は決して既定路線ではなかった。パウエルを理事としてFRBに迎

ブレイナード副議長（左）とパウエル議長、2022年9月

え入れたのは民主党のオバマ政権だが、彼を議長に抜擢したのは共和党のトランプ政権だった。パウエル自身、共和党の支持者である。

対抗馬は14年から理事を務めていたラエル・ブレイナード。こちらは民主党政権のホープだ。クリントン政権のころからホワイトハウス入りし、オバマ政権では要職の国際担当財務次官を務めた。バイデン政権の国家安全保障会議（NSC）インド太平洋調整官、カート・キャンベルの妻でもある。「ポリティカル・アニマル（政治的な野心が強い）」との評判が多く、どこにいても存在感がある。

バイデンは最終的にパウエルを再任し、ブレイナードを副議長とする人事を決定した。ブレイナードは副議長としてパウエルを支えたあと、23年2月にはバイデン政権の経済政策の司令塔となる国家経済会議（NEC）委員長に抜擢された。24年の大統領選でバイデンが再選すれば財務長官の有力候補になると噂されている。

最初のつまずき

「すべてはあの出遅れに起因する」。ワシントンで取材したシンクタンクや国際機関の首脳らはこう口をそろえる。ピーターソン国際経済研究所のアダム・ポーゼン所長は、21年夏までに金融引き締めを予告し、遅くとも9月までに実行すべきだったと振り返った。「1年も遅れた。それが大きな間違いだった」と厳しい口調が印象的だった。23年6月に退任した世界銀行のデービッド・マルパス元総裁

図02　利上げ開始は明らかに遅かった

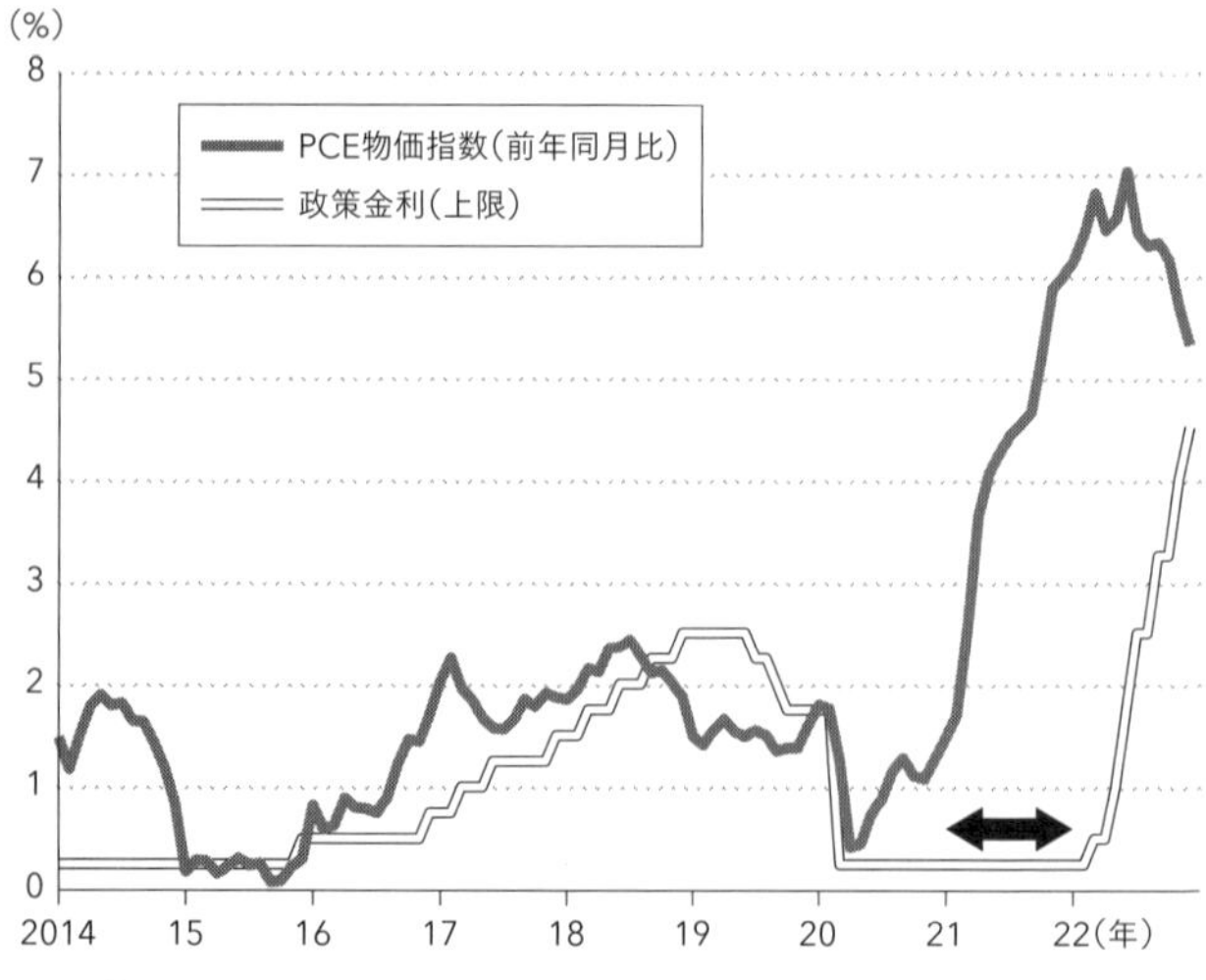

出所)米商務省、FRB

は5月下旬、私との現役最後のインタビューで「FRBの利上げが遅れたことはコンセンサス（共通認識）だ」と批判した。マルパスが任期中、難渋したのが途上国の債務問題だ。長く続いた先進国の超低金利政策が利回りを求めるリスクマネーの波を生み出し、それが債務を膨張させた。出遅れによって急ピッチになったFRBの利上げは、利払いの急増やドル高・途上国通貨安を通じて債務問題をさらに深刻化させた。

米国でのインフレ抑制が遅れただけではない。急速な利上げは金融機関の経営も狂わせた。金利上昇は銀行が保有する債券などの資産を劣化させる。利上げがゆっくりであれば、高い利回りの金融商品に入れ替える時間があるが、今回はその余裕が与えられなかった。

22年以降に途上国で相次いだ債務危機、米欧で起きた金融不安。FRBによる最初のつまずきがなければ、のちの混乱はもう少し小さなものになっていた可能性がある。

２　チーム・トランジトリー

「強烈な天才」元ＦＲＢ議長候補の攻撃

「ばかばかしいにもほどがある」。元財務長官のローレンス・サマーズがＦＲＢを痛烈に批判し始めたのは、パウエルが再指名と同時にインフレ抑制姿勢を強める半年前、21年春のことだ。バイデン政権の巨大な財政政策が物価上昇率の急上昇を招くと確信したサマーズは「インフレは一時的（transitory）だ」と繰り返す政権とＦＲＢ、その論調に同意するエコノミストらを「チーム・トランジトリー」と呼んで攻撃した。

　３月時点でＦＯＭＣ参加者が公表した経済見通し[*4]はＰＣＥ物価指数の上昇率（中央値）が21年末の２・４％から22年末には２・０％に落ち着くというものだった。参加者のなかでももっとも高く見積もった人でも22年末は２・３％。２％目標にほぼ沿った安定的な物価情勢が続くと全員が予想していたことになる。コロナ禍でサプライチェーン（供給網）は混乱し、現場を離れた働き手がいつ、どれだけ戻るかも分からない。さらに過去に例のない規模の財政出動が加わる。あまりに不確実な状況なのに、予測が分散すらしない状況に対してサマーズのいらだちは大きかった。

論戦の中身に入る前に、サマーズという存在がいかに米国で巨大なのかを紹介したい。経歴は華々しいものだ。28歳という異例の若さでハーバード大教授（経済学）に就任し、世界銀行のチーフ・エコノミストも務めた。95年からは財務副長官として数々の経済危機を乗り切り、１９９９年から２００１年まで財務長官を務めた。その後に就任したハーバード大学の学長は、ある発言が女性蔑視だと批判されて途中で辞任する結果となったが、リーマン危機直後の09年からはオバマ政権で経済政策のカジ取りを担う国家経済会議（ＮＥＣ）委員長を務めた。当時の副大統領はバイデンである。

経済記者として日本で取材するなかでも彼の「伝説」は至るところで聞いた。「外交の夕食会でワインの種類を聞かれても、頼むのはダイエット・コーラだけ。あんな変わった人はいない

＊4　**経済見通し**
Summary of Economic Projections の頭文字をとってSEPと呼ばれる。米連邦公開市場委員会（FOMC）の参加者が実質経済成長率やインフレ率、政策金利などについて予想したものを要約し、四半期に一度公表する。なかでも政策金利の予想分布図は「ドットチャート」と呼ばれ、注目度が高い。

よ」。リーマン危機時に取材したある為替ディーラーは強烈なキャラクターにすっかり魅了されているようだった。サマーズは98年の日米協調円買い介入の際の交渉担当者でもある。

日本が90年代に金融危機を引き起こした際の豪腕ぶりも、当事者の証言は生々しかった。もっとも衝撃を受けた話は98年の日本長期信用銀行（長銀）の破綻から20年を迎えた検証記事の取材で聞いたものだ。「長銀の考査資料を副財務長官のサマーズ氏に渡してほしい」。元日銀幹部は破綻の4カ月前に当時の速水優総裁からこう指示されたと証言した。考査は日銀が個別の金融機関に立ち入って健全性を調べるものだ。日銀が民間の経営実態を外部に、しかも海外の関係者に見せるのは通常考えられない。幹部は「明日出します」とごまかして最後まで提出しなかったという。

サマーズは当時、金融危機の波及が米国に及ぶことを懸念して日本に乗り込み、東京・千代田の日比谷公園付近を拠点にして政官財に威圧的なにらみをきかせながら情報を収集していた。米国の利益を最優先に考え、それを守るためなら過激な発言・手段をいとわない姿勢は当時も今も変わっていない。発信力もいまだ衰えることはなく、米国で現地の経済ニュースに接していると、その姿や名前を見ない週はないほどだ。

ＦＲＢにとってサマーズが特別なのは、彼が有力な議長候補だったためだ。09年にオバマ政

サマーズ元米財務長官はインフレ対策で後手に回ったFRBを痛烈に批判した　（AP/アフロ）

権に入った際も議長職を希望したとされるが、もっとも有名なのは13年のイエレンとの一騎打ちだろう。米国は大統領とＦＲＢ議長の任期がともに4年となっており、議長職の指名は新大統領の仕事となる。初めて就任した大統領は現職のＦＲＢ議長を再任することが多いが、13年はオバマ政権が2期目に入り、バーナンキ総裁の後任を巡って2人が有力候補に浮上した。サマーズに対するオバマの信頼は厚かったが、強烈な性格で敵の多いサマーズには民主党内や経済学者らから次々と議長指名への反対が表明され、最後は辞退に追い込まれた。

「私に対する承認手続きは険悪なものになり、ＦＲＢや政権の利益、ひいては米国の経済回復の利益につながらないと不本意ながら結論づけた」。オバマに辞退の電話をかけた後に公表した書簡には、悔しさがにじみ出ていた。

「高インフレに備えよ」。サマーズの警告が特別に重かった理由は、コロナ禍前まで長く「長期停滞（secular stagnation）」の到来を予言し続けてきた張本人がその主張を棚上げしたことにある。リーマン危機後、先進国経済は低インフレ・低成長・低金利が定着し、世界の経済学者がその謎解きに挑んだ。サマーズは生産年齢人口の減少やデジタル化の進展、シェアリングエコノミーがモノを中心とした旧来型の投資の需要を減らしたことに原因があると指摘。その結果膨らんだ家計や企業の過剰な貯蓄はもはや金融緩和だけでは動かせないため、経済を好循環させる財政政策が必要だと主張してきた。

ロックダウン（都市封鎖）によって経済の鼓動を止めたコロナ禍の影響がウイルスの封じ込めとともに過ぎ去るのであれば、政府や中央銀行はその先に再びやってくる低成長時代にも備えて動く必要がある。だがサマーズはバイデン政権が打ち出した巨額の財政出動とその後の経済動向をみて10年来の自説を修正した。

ジャクソンホール講演

この時期の金融政策判断が極めて難しかった背景には、コロナ禍の混乱によって雇用統計が揺れた影響も大きい。たとえば21年1月は非農業部門の就業者数の増加が前月比４万９０００人と市場予想の10万人を下回った。これは改定値で23万３０００人になり、その後の季節調整の変化によって最終的に49万４０００人増に変更された。４月は１００万人増の予想に対して、速報値が26万６０００人増にすぎなかった。

　リーマン危機後にも世界中で起きた現象だが、経済ショックの後は統計の季節調整が乱れることが多い。季節的な要因で生まれるデコボコをなだらかにして数字の趨勢を見やすくするための統計処理をする際に、経済的なショックを季節要因の一部だとみなしてしまう懸念があるためだ。ショック期間中を「ダミー」と呼んで回帰分析の計算から外す措置を取るが、いずれにせよ後で振り返ったときの振れ幅は大きい。だがこうした事情を差し引いてもなお、パウエルの「一時的」へのこだわりは際立って見えた。

「高インフレは一時的な現象だ」。この当時のパウエルの主張をもっとも端的にまとめたのが、バーチャル開催となった21年8月のジャクソンホール会議だ。ＦＯＭＣが開かれない8月、カンザスシティー連銀が主催するこの会議には毎年主要な中銀首脳とエコノミストが招かれる。市場関係者の注目はひときわ高く、ＦＲＢ議長もそれを意識した強いメッセージを講演に盛り込むことで知られている。「このようなレベルのインフレはもちろん懸念材料だ。しかし、この懸念は高い物価上昇率が一時的なものである可能性を示唆する多くの要因によって和らげられる」。講演のなかでパウエルはこう宣言し、理由を並べ立てた。

1　広範なインフレ圧力は存在しない

インフレ率の急上昇はパンデミックと経済再開の影響を直接受けた比較的狭い範囲の財・サービスの産物である。エネルギー価格も反発したが、長年の経験からいえばその上昇は一過性である。ホテルや航空券の価格は急落している。

2　供給制約は解消に向かう

パンデミックと経済再開の影響を受けたモノ・サービスの価格は、供給不足の緩和によって落ち着いてきている。たとえば中古車は一部の価格指標で下落が始まっている。こうしたダイナミズムは耐久消費財の全般で起きる可能性が高い。パンデミック前の25年間、耐久消費財のインフレ率は年平均でマイナス1・9％だった。

3　賃金と価格のスパイラルは起きていない

賃金上昇が生産性や物価の上昇を実質的かつ持続的に上回れば、企業はその分を顧客に転嫁する可能性が高く「賃金と価格のスパイラル」に陥る。だが賃金指標は我々のインフレ目標と整合的と思われるペースの上昇率にとどまっている。

4　インフレ期待[*5]が落ち着いている

長期的に物価が上がり続けるという予想が広まるかどうかを注意深くモニターしている。ＦＲＢスタッフが幅広い指標を組み合わせて算出する共通インフレ期待指数（ＣＩＥ）は物価上昇率が目標の２％を下回っていた14年ごろから全般的に低下している。最近は反転し、２％目標と一致する水準にある。

5　この四半世紀にわたる世界的なディスインフレの存在

90年代以降、多くの先進国で物価上昇率は経済が好調なときでも２％をやや下回る水準で推移してきたことに注目すべきだ。技術、グローバル化、そして人口動態による持続的なディス

＊5　**インフレ期待**
物価が今後、どれほどのペースで上昇するかという予想。消費者は値上がりが続くと思えば大きな買い物を前倒しする。それが消費を活発にさせたり、企業の値上げを誘ったりするため中央銀行が重視している。消費者のインフレ期待を示す指標は、ミシガン大やニューヨーク連銀によるアンケート調査が有名。物価連動債などの利回りから算出される市場関係者の物価見通しも重視される。

インフレの力、さらには物価安定に取り組む中銀のコミットメントを反映している。これが突然反転したり、弱まったりしたと考える根拠はほとんどない。むしろ、パンデミックが歴史となっていくなかで、これがインフレ目標を実現できない重荷になり続ける可能性の方が高い。

低インフレとの闘い

ここまで一気に説明した後、パウエルは金融政策の先行きについてこう警鐘を鳴らした。「金融政策がインフレ率に与える影響は、1年以上のタイムラグを経てもたらされる。一時的な要因に対応して引き締めた場合は、必要性がなくなった後に効果が表れる懸念がある。雇用やそのほかの経済活動を不必要に鈍らせ、インフレ率を望ましい水準より低く押し下げてしまう。パンデミックが続いている今日、このような間違いは特に有害となりうる。失業期間が長期化すると、労働者や経済の生産能力に永続的な害をもたらすことが分かっている」。

「間違い」「害になる」というのは、格式の高い講演の場でかなり直接的で、強い表現と言える。FRBが2%の物価目標を明示的に導入したのは12年。パウエルの理事としてのキャリアがほぼ重なるその時期に、米国やほかの先進国にとって低インフレ・低成長は重い課題だった。なぜ物価が上がらないのかというテーマを考え抜き、デジタル技術やグローバル化、人口動態などあらゆる理由付けをしてきた。コロナ禍は大きな経済ショックだが、こうした議論をすべて反転させるものではないというのがパウエルの主張だった。

　低インフレとの闘いという点では、ＦＲＢがさらに1年前のジャクソンホール会議で表明し、20年8月に導入した「柔軟な平均インフレ目標（ＦＡＩＴ）」にも触れておきたい。物価が２％を下回る期間が長く続いたために導入した枠組みで「柔軟」「平均」という言葉は２％を上回ってもすぐには金融政策を引き締めないことを示す。高インフレのリスクをある程度許容してでも、２つの使命[*6]のうち雇用の最大化を着実に実現するという宣言だった。具体的にどのような計算で「平均」を出すのかは明示されていない。政策金利がゼロに張り付いて手段が限られるなかでも低インフレからの脱却を目指す決意を述べた意味合いがある。

　この種の仕組みはデフレ対策で一日の長がある日銀がこれまでもさまざまな手段を開発してきた。たとえば16年に導入した「オーバーシュート型コミットメント」はＦＡＩＴと似た部分

＊6　**2つの使命（dual mandate）**
ＦＲＢは「物価の安定」「雇用の最大化」を目指すことが法律で義務付けられている。もともとは日銀と同様に物価のみを目標としていたが、大恐慌が大量の失業を生みだした反省から第二次世界大戦後に雇用が加えられた。2つはお互いに関連しており、一般的には物価が上昇すれば、賃金が上がり、失業率は下がる傾向にあると理解されている。

がある。２％の物価目標をある程度の期間上回るまではマネタリーベース[*7]の拡大を続けるという約束だ。日本の課題は低インフレがノルム（社会通念）として経済・社会に染みついたことにある。物価が上昇するという予想を人々が失い、それが企業の値上げへの抵抗感となって自己実現的に低インフレを長期化させる。低インフレの呪縛のような力をどう覆せば良いのか。もがいてきた中銀の格闘の歴史が「一時的」にこだわるパウエルの理屈を支えていた。

＊7　**マネタリーベース**
中央銀行が市場に供給する資金量を示す指標。具体的には発行する通貨と、金融機関が決済などのために中銀に預けている「当座預金」の合計を指す。この規模を拡大する政策を「量的緩和」と呼ぶ。中銀のバランスシート上でマネタリーベースは負債として計上され、資産側には購入した国債などが計上される。

3　サマーズ、最後の一撃

「汚い言葉だ」身内から出た批判

21年10月12日。画面に登場したアトランタ連銀のラファエル・ボスティック総裁は、不思議な瓶を机の上に置いていた。ピーターソン国際経済研究所がバーチャルで開いたイベントでのことだ。小脇に抱えられるほどの透明な瓶に白いラベルが無造作に貼り付けてあり、そこには「transitory（一時的）」と印字されてあった。

「私とスタッフとの間で、この数カ月、取り決めがある。もしも『一時的』という言葉を使ってしまったら、この瓶に1ドルを入れなければいけない」。こう言ってボスティックは神妙な顔でスーツの内ポケットから紙幣を1枚取り出し、瓶に入れた。「『一時的』というのは汚い言葉だ」。ボスティックは淡々と説明しながら言葉を発するたびに紙幣を入れ、3ドルまで入れたところで「もういいだろう」と瓶を足元に下げた。「今の高インフレは幅広い要因によるものであり、もはや短いとは言えない」

パウエルが「一時的」という言葉を使う根拠について熱弁を振るったジャクソンホールから2か月足らず。FOMCの声明文にすら11月まで「一時的」の文字が残っていたが、ポスティックは平然と批判した。

「一時的」という言葉は一般的には短い時間のことを指すと理解されている。ところが経済学の世界では「一時的」は時間の長さを示すものではなく、単純に「永続的ではない」状態を指す。たとえば高インフレが落ち着くまでに5年かかっても、それは経済学的には「一時的」と言える。パウエルはこう説明してボタンの掛け違えだったと強調したが、中銀にとって生命線ともいうべきコミュニケーションで混乱を生んでしまったことに周囲の不満は大きかった。

そもそも物価高が家計を圧迫しているなかで、インフレが経済学の世界で使われる意味での「一時的」だという主張に何の意味があるのかという反論もあった。経済学者のケインズは「貨幣改革論」のなかで「長い目でみるなら我々はみんな死んでいることになる。激動の季節に『嵐が去れば海は再び平らになる』というだけなら、経済学者はあまりに簡単で、あまりに役に立たない仕事をしていることになる」と指摘している。

5つの根拠を全否定

ボスティックの発言から1か月後の11月15日。今度はサマーズが米紙ワシントン・ポストに寄稿した。題名は「『チーム・トランジトリー』はもう退くべき時だ」。最後の一撃となったこの投稿は、パウエルがジャクソンホール講演で挙げた5つの根拠を全否定するものだった。

1　物価上昇が一部の分野に限られている？

もはやそうではない。10月は食料品とエネルギーを除いた商品の上昇率が年率12％に達した。極端な値動きを取り除いた指数でみても過去最高の伸びだ。

2　供給制約が緩和して中古車や耐久消費財の値上がりが収まる？

10月は中古車が年率30％以上、家庭用の家具は10％を超える値上がりだ。

3　過度のインフレにつながる賃金上昇の証拠はほとんどない？

ファーストフードから投資銀行まで幅広い分野で転職した労働者は2桁の賃上げを享受している。雇用コスト指数の上昇は不吉な前触れだ。

4　インフレ期待が落ち着いている？

パウエルが講演した際のインフレ期待は2・5%程度だったが、今は約3・1%だ。インフレを懸念した消費者心理は10年ぶりの低水準に落ち込んでいる。

5　世界がデフレ傾向にある？

日本や中国、ドイツも10年以上ぶりの高いインフレ率を記録している。もっとも重要なインフレ決定要因である原油価格は非常に高く、先物市場をみても低下は予想されていない。

サマーズはこの寄稿のなかで、バイデンとパウエルの両方に呼び掛けた。

●行きすぎた財政刺激策と金融緩和政策に

空から見たFRB＝画面中央、手前はリンカーン記念堂、22年8月

よって犯してしまった過ちをこれ以上悪化させないようにしよう。

●近く決めるFRB議長人事では、中銀の目的がインフレの抑制にあることを認識する必要がある。

●FRBは資産購入のテーパリング[*8]を加速させるべきだ。住宅価格の高騰を考えると、住宅ローン関連の債券購入は直ちに中止すべきだ。

●政権は関税を引き下げるべきだ。安価な輸入品から国内品を守ることよりも、今は米国民がモノを安価に買えるようにすることを優先すべきだ。石油の戦略備蓄を使って化石燃料の供給量を引き上げることは極めて重要だ。

この投稿から1週間後。バイデンから再任を言い渡された後の講演で、パウエルはようやく「一時的」という言葉を封印した。

＊8　**テーパリング**
中銀が量的緩和政策を縮小する際に用いる手法の一つ。国債や住宅ローン担保証券などの購入金額を徐々に減らしていくことを指す。資産の拡大自体は止まらないがそのペースが緩やかになる。その次の、保有する資産の残高を減らす段階は「量的引き締め（QT）」と呼ばれる。FRBは21年11月からテーパリングを開始し、12月にペースを加速。22年3月に前倒しで終了した。

4　相次ぐ逆風

ロシア、ウクライナに侵攻

22年1月25～26日のＦＯＭＣは不穏な空気のもとで開催された。事務方から参加者に対して、市場での異変が報告された。ロシアとウクライナの間で緊張が高まり、それが株価を押し下げている。新興国で発行される債券が売られ、スプレッド（上乗せ金利）が拡大している。ロシアがウクライナに侵攻する計画を練っていると21年末に米紙が報じて以降、プーチン大統領が否定しても観測は強まるばかりだった。2月18日にはバイデンが侵攻計画を確信したと表明。24日、ついに首都キーウを含むウクライナ各地への砲撃が始まった。

ＦＲＢが0・25%の利上げを決め、2年ぶりにゼロ金利政策を解除した3月16日のバーチャル議長会見。パウエルが最初に言及したのはいつものインフレ分析ではなく、ロシアへの批判だった。

「私はまず、ロシアの侵攻によってウクライナの人々が苦しんでいる途方もない苦難を認めることから始めたいと思う。人的被害は悲劇的だ。世界経済や米国経済への金融・経済的影響は極めて不透明である」。パウエルはカメラをしっかりと見据えながら険しい顔で語気を強めた。

　石油生産量で世界3位のロシアが引き起こした事態に、原油先物の国際的指標になるＷＴＩ（ウェスト・テキサス・インターミディエート）は3月、１バレル１３０ドルを突破し、13年8カ月ぶりの高値を付けた。「世界の食糧庫」と言われるウクライナでの悲劇は小麦やトウモロコシの価格高騰も招いた。４～6月、ウクライナからの小麦の輸出量は前年同期から8割も減り、国際価格は１・４倍に跳ね上がった。

　国際価格の水準はその後しばらくして戻るものの、原油先物の上昇は末端のガソリン価格に、そしてあらゆる資材の輸送費の高騰となって広がっていくことになる。穀物の値上がりは、世界各国で食糧不足を警戒した囲い込みを招いた。国連食糧農業機関（ＦＡＯ）は春に出したリポートで、25カ国が食糧の輸出制限を実施し、世界の食糧貿易の８％に影響していると指摘した。世銀はこうした動きが肥料・飼料の不足にもつながると警鐘を鳴らした。作付けができなくなれば、生産量がさらに落ちる長期的な悪循環に陥る。

　ガソリン、そして食品の高騰はＦＲＢのインフレを巡る「一時的」論争を吹き飛ばし、米経済は40年ぶりの物価上昇率に向けて突き進んでいくことになる。

ＦＲＢ首脳人事も迷走

インフレ論争とは関係しないが、このころ、ＦＲＢの首脳人事の議会承認を巡る混乱も同時に起きていたことを付記したい。

火種はＦＲＢのもう一つの副議長席だった。ブレイナードが指名されたナンバー2の副議長とは別に、ＦＲＢは金融監督担当副議長というポストを設けている。ＦＲＢは日本の金融庁のような金融規制・監督の権限を持つため、その取り仕切りを担える専門人材を置くことになっている。そこにバイデンが指名したＦＲＢ元理事のサラ・ラスキンを野党・共和党や一部の民主党議員が問題視した。ラスキンが金融機関に対して石油・ガス業界への融資抑制に乗り出すことを懸念したためだ。

バイデン政権は気候変動への取り組みに熱心だが、化石燃料を含むエネルギー業界の支援を受ける共和党はその動きに反発を強めていた。最後は地元でエネルギー業界の支援を受ける民主党のマンチン上院議員が反対を表明。バイデンは22年3月15日、指名の撤回を発表した。

当時の上院は民主党と共和党が50議席ずつで拮抗しており、民主党内からの「造反」宣言は人事案の頓挫を意味していた。バイデンはパウエルの再任やブレイナードの副議長起用といった首脳人事をまとめて議会で通そうとしていたため、そのすべての人事が止まってしまった。

米連邦議会上院がパウエルの再任人事を承認したのは5月12日になってからだ。賛成は80票、反対は19票だった。指名から承認まで半年もかかったことになる。パウエルは1期目の任期が切れた2月4日に臨時議長に就任しており、議会承認の遅れによって通常の業務に支障が出た訳ではない。ただ、大統領に次ぐ権力とも言われるＦＲＢ議長が人事のうえでは複雑な力学で動く米議会に翻弄される現実を改めて認識させられた。

　ブレイナードの副議長への昇格は一足早く4月26日に承認を得ていた。もともと金融緩和に積極的なハト派として知られるが、高インフレを抑え込む強い意志を表明して支持を得た。賛成は52票、反対は43票だった。ミシガン州立大教授のリサ・クックは本会議に先立って行われた銀行委員会の採決で賛否が同数となり、懸念されたが5月10日に黒人女性として初の理事に就任することが認められた。デビッドソン大教授だったフィリップ・ジェファーソンを理事にする人事もパウエルと同時に決まり、金融監督担当副議長を除く計4人は5月23日に就任宣誓式を済ませた。

　空席となっていた金融監督担当副議長には、バイデンが5月、ミシガン大教授だったマイケル・バーを指名した。バーは金融規制の専門家で、リーマン危機後の10年に成立したドッド・フランク法の制定に関わった。バーは公聴会も無難にこなし、7月13日に承認された。賛成は66票、反対は28票だった。

　金融監督担当副議長は本来、目立つポジションではない。だが23年3月に米銀が相次ぎ破綻した際、バーは金融規制強化を推進する中心人物となる。ドッド・フランク法がオバマ政権で制定されたあと、金融業界は規制緩和を求めて政治献金を増やし、共和党に接近する。規制に抜け穴を作る緩和策はトランプ前政権で実現するが、バーはその巻き戻しに動くことになる。バーに賛成票を投じた共和党が彼の信念をどこまで理解していたのかは定かではない。

　パウエルの2期目の布陣は、ＦＲＢの歴史上で初めて黒人理事が2人になった。7人の理事のうち女性は3人だ。米国民全体に影響を及ぼすＦＲＢは、米国民と同じくらい多様であるべきだ。こんなバイデンの信念が反映された新体制となった。

Column 1

歴代議長とパウエル

FRB議長が背負うプレッシャーとはいかほどか。思わずガッツポーズをしたパウエル議長の自然な笑顔をみて、普段の表情がどれだけ感情を押し殺したものだったのか改めて気づかされた。2023年6月21日、米連邦議会下院の金融サービス委員会での出来事だ。

きっかけは往年の名バンド「グレイトフル・デッド」の元メンバーらが結成したバンドのイベント会場でパウエルの姿が目撃されたこと。ツイッターで出回った写真をもとにウィリー・ニッケル議員が感想を聞くと、パウエルは「なんていえばいいのか、素晴らしかった。私は50年来のファンだ」と神妙な顔のまま「告白」した。議員が「私はグレイトフル・

デッドを好きな人が好きだ」と応じると思わず笑みがこぼれた。

パウエルは１９１４年に就任した初代のチャールズ・ハムリンから数えて16代目の議長である。日銀の植田和男総裁が初の経済学者だったのとは対照的に、ＦＲＢでは少なくとも80年以降で初めて経済学の博士号を持たない議長となった。弁護士出身で、ブッシュ（父）政権で財務次官などを経験した後に米投資ファンドのカーライル・グループの共同経営者としてウォール街に身を置いた経験を持つ。

米調査会社ギャラップが21世紀に入ってから集計しているＦＲＢ議長の支持率をみると、その動きはかなり特徴的だ。成人１０００人への調査で議長を「大いに信頼する」「まあまあ信頼する」と答えた割合は、新型コロナウイルス禍が直撃した20年に58%まで急上昇し、グリーンスパン時代に次ぐ16年ぶりの記録となった。経済の底割れ回避に向けた大規模な資金供給が評価されたためだ。当時は大量に印刷したドル札をばらまくパウエルのコラージュ動画が拡散した。

ところがその後はジェットコースターのように急低下し、23年には36%と過去最低を記録した。バイデン大統領の経済政策の評価と連動しており、米国民の生活を圧迫する高インフレが影響した可能性が高い。

図03　FRB議長の支持率

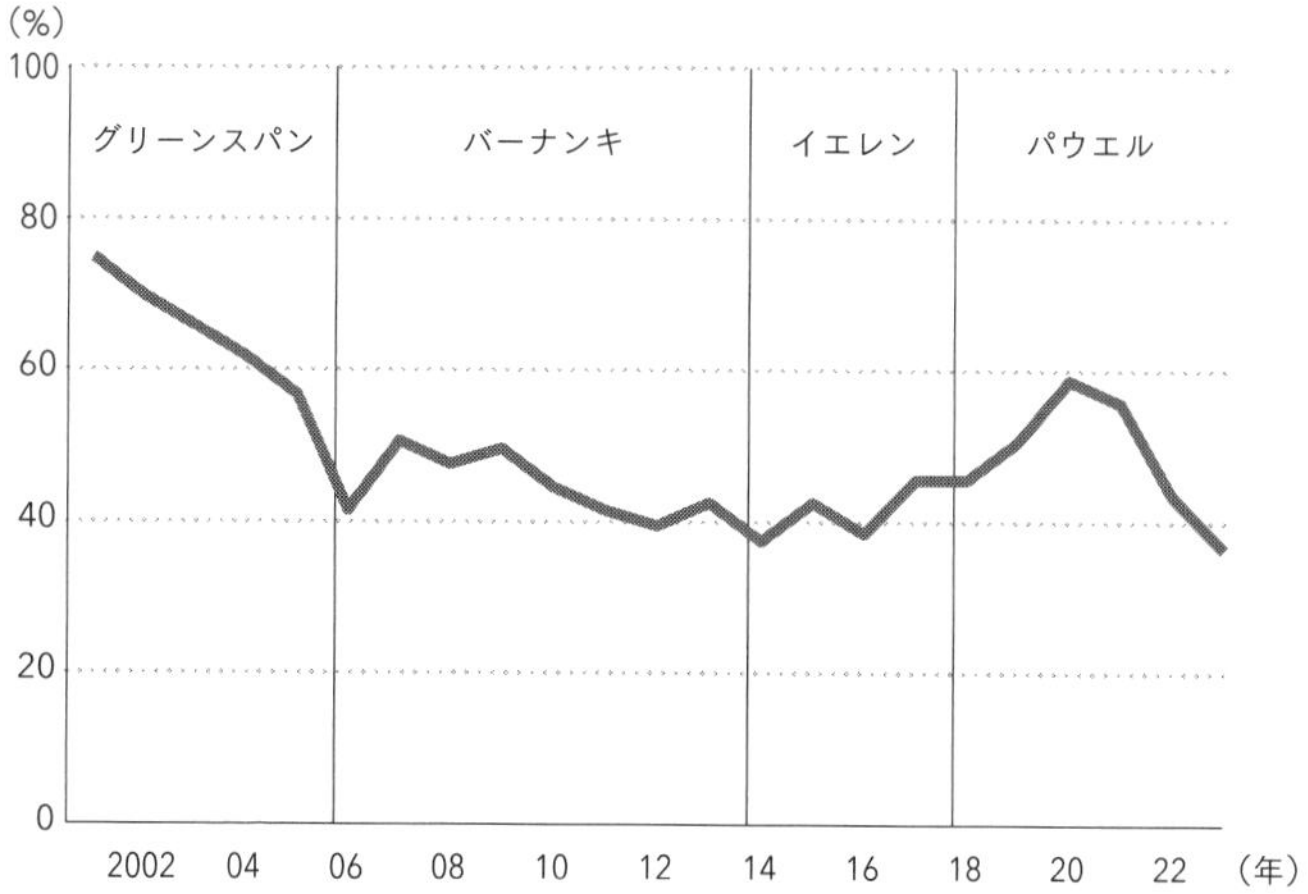

出所)米ギャラップ

もちろん歴代議長の歴史的な評価は、現役時代の人気とは異なる。1987年から2006年まで務め「マエストロ」の異名をとったグリーンスパンは、退任後に起きた08年のリーマン危機を受けて評価が急低下し、低金利政策がバブルの温床になったと批判もされた。

FRBを長く担当する米メディアの記者に食事をしながら、歴代のなかで誰が尊敬されているのか尋ねたことがある。1970年代の大インフレを終わらせたボルカーが突出しているのは意外感がなかったが、もう1人日本ではあまりなじみのない名前が挙がった。FRB本部の新館に名前を残すウィリアム・マーチンだ。

逸話は数多い。１９３８年にニューヨーク証券取引所の理事長に就任したとき、彼は弱冠31歳だった。輸出入銀行総裁を経て彼は、ＦＲＢを押さえつけるために財務省の幹部に抜擢される。ＦＲＢは42年から戦時下で大量に発行される米国債を買い入れるイールド・カーブ・コントロール（ＹＣＣ）政策に組み込まれていた。「ウォール街の天才青年」はそこから抜け出そうと画策するＦＲＢの動きを封じる役目を任された。

ところがここでマーチンは意外な行動に出る。禁じられていたＦＲＢの事務方との協議を隠れて再開し、51年にはＹＣＣを終了する共同声明（アコード）をまとめてしまう。トルーマン大統領はＦＲＢへの支配力を強めようと当時のマッケーブ議長を辞任させ、マーチンを後任に送り込むが、議長になったマーチンはＦＲＢの独立性を頑として守り抜いた。マーチンはそこから70年まで19年間も議長を務めた。

マーチンの父親が初代総裁を務めたセントルイス連銀の歴史紹介サイトによると、議長就任から数年後、ニューヨークの5番街でマーチンとすれ違ったトルーマンは「裏切り者」と吐き捨てたという。

中央銀行の危機対応は華々しい。大規模な金融緩和や流動性供給で人々の生活を守り、金融機関の経営を守る。その時代の人々から感謝され、評価される。だがＦＲＢ

の歴史のなかで輝くのは、時の権力者や世論から嫌われても引き締めで信念を貫いた議長たちのようだ。

「根性なし。判断力なし。展望なし！」。2019年9月、トランプ大統領は0・25％の利下げを決めたFRBのパウエル議長をツイッターでこう罵った。もっと大胆な緩和をするべきだという主張だ。「低金利が好き」と公言するトランプは歴代のなかでももっとも中央銀行の独立性を軽視した大統領と言える。

だがその言動はあまりにも現実味がなく、過去にFRBがホワイトハウスから受けた圧力と比べると軽さは否めない。パウエルが今後、歴史の中でどのような評価を下されるのかはまだ見えていない。

第二章

混乱

1　渦巻く不満

卵が1パック700円に

「何の値上がりが気になるかって？　全部だよ、全部。何もかもが値上がりだ！」。2022年春。米国でウーバーのドライバーに尋ねると、ほぼ例外なくこんな答えが返ってきた。少し前まで物価は年2％も上昇しなかったのに、レギュラーガソリンは1年前の1・6倍、ガスは1・4倍、航空料金は1・3倍になった。バターや冷凍食品、小麦粉、男性用スーツ、保険料も1・2倍だ。何がどれだけ上がったかという話題ばかりだった。

　米首都ワシントンではまだ電車に乗るときにはマスクが義務付けられていたが、レストランをのぞくとこれまで控えていた大人数での会食が再開されつつあった。ようやくにぎわいを取り戻しつつある町並みに、高インフレは混乱をもたらしていた。

ホワイトハウスから西側に歩いて20分。ジョージ・ワシントン大のキャンパスに近い住宅エリアの小型スーパーで、私は4月1日から商品棚の定点観測を始めた。調査を始めてすぐに気づいたのは、すべての商品が常に値上がりする訳ではないということだ。消費者物価指数(CPI)など経済指標は多くの店舗で調査した結果を平均するため、毎月細かく価格指数が変動する。だが実際にはそれぞれの店舗やメーカーにとって値上げは重大な決断であり、インフレに慣れた国であっても頻度は思ったより少ない。そして、その分、動いたときの変化率や消費者に与えるインパクトは大きい。

最初の値上げは7月で、品目はパスタだった。イタリアのディ・チェコ社のリングイネ(1ポンド=約450グラム)が2・79ドルから3・29ドルに上がった。小麦の産地であるウクライナの戦災が、5カ月かけて米国のスーパーの商品棚にまで波及したことになる。値上がり率は実に17・9%。低所得層になればなるほど、支出に占める食材の比率は大きい。日常的に購入する顧客にとっては衝撃だったに違いない。

次に動いたのはベーコンだ。軽く燻製(くんせい)で風味付けをした米スミスフィールド社の定番商品「ホーム・オリジナル」は1ポンド8・99ドルが7月末からセールで7・99ドルになった。まさか値下げに転じたのかと思いきや、表示の上部に小さく書かれた文字を読むと「通常価格は9・29ドル」とある。特売を隠れみのにした定価の値上げだった。そのまま9ドル

特売を隠れみのにした値上げも、米ワシントン、22年8月

台に引き上げることに抵抗を感じた店舗側の戸惑いがにじんでいるようだった。

1年を通してみるともっとも異常な値動きとなったのは鶏卵だった。ペンシルベニア州で生産されているアルダーファー・ブランドの鶏卵は12個入りケースで3・96ドル。これが8月1日時点では3・49ドルにいったん下落。その後23年4月には一気に5・29ドルまで跳ね上がった。

CPIで確認すると、鶏卵の値上がり率は21年12月に10%の大台を突破した後、23年1月に記録した70%まで拡大。23年4月時点でもなお21%と急騰を続けていた。輸送費や人件費などの高騰だけでなく鶏卵の場合は鳥インフルエンザが猛威を振るった影響もある。当時の円相場に換算して卵が1パック７００円というのはさすがに高い。卵を食材として利用する飲食店への影響も気になった。

この卵コーナーの上段に置かれていたのが、カリフォルニア州の新興企業イート・ジャストが生産する植物由来の「卵」だった。見た目も味も溶き卵と区別の付かない液体がシャンプーのようなデザインのペットボトルに入っている。ハンバーガーの主要チェーンでメニューに組み込まれた培養肉のビヨンド・ミートなど、フード・テック業界はコロナ禍前から積極的な資金調達で急拡大していた。手間も時間もかかる畜産が逆風を受けるコロナ禍は千載一遇のチャンスでもある。実際、ジャストの「溶き卵」は4月1日の5・99ドルから8月1日時点では4・39ドルに値下げされた。「初めて実際の鶏卵価格を下回りました」。徹底した原価開示を続けてきたジャストのサイトをのぞくと、8月15日付けでこんなプレスリリースが掲載されていた。災難を技術革新（イノベーション）の原動力に変えられる米国の強さを感じた。

小さなスーパーで1年間続けた調査を通してみると、商品の入れ替えの早さも気になった。同じ商品で内容量も変わっていないか確認しながら調べたが、途中で棚から消えたものも少なくない。企業側が商品の装いを変えるケースもあるが、スーパーが安価な別ブランドを仕入れるパターンも目立った。

ワシントンの住人たちを悩ませたのは、スーパーの買い物だけではない。深刻だったのは家賃の値上げ交渉だ。買い手の付かないコロナ禍では、家賃の引き上げが止まっていた。たまっていた分を一気に挽回するかのように、契約終了時期の手前で2割程度の引き上げを要求される例が相次いだ。賃貸を契約した際は自分の給与から払える賃料を逆算し、なるべく良い物件を選ぶもの。給与がそこまで増えないなか生活が行き詰まることが明らかになり、引っ越しを迫られる人も少なくなかった。

　米国全体で起きていたのは住居のミスマッチだった。コロナ禍でテレワークが増え、多少不便な郊外でも大きな家に住みたい需要が高まり、それに住宅建設が追いつかなくなった。家賃の先行指標であるS&Pコアロジック・ケース・シラー指数（20都市）は22年4月に前年同月比の上昇率が21・2％に達した。

「数年前に買った中古車が、購入時よりも高く売れた」。なかにはインフレの恩恵を受けた人もいる。特に住宅や車など資産を保有する層だ。だがほとんどの労働者は生活費の上昇に賃金が追いつかず、実質的な賃下げが進んだ。米ギャラップのアンケート調査では財務状況が1年前より悪くなったと答えた個人の割合は20年1月の20％から21年1月には35％に、22年1月には41％まで高まった。

サンドイッチ店の苦悩

高インフレは値上げをする側も強い負担を強いる。そんな場面にも出くわした。22年4月26日午後2時ごろ、米東部ペンシルベニア州ピッツバーグのサンドイッチ店。客はほとんどいなかったが、屈強な体格の店員が2人せわしなく働いていた。家族経営で2人は兄弟だという。料理をカウンターの前で待っていると、カウンターに貼り付けてある長い文章に目がとまった。気になってじっくり読むと、そこに書いてあったのは切実な声だった。

「あらゆるものが値上がりしているのは、みんな知っていると思う。中には2〜5倍になったものもある。パンデミックの影響を受けているのだから、仕入れ業者が納入時期や価格の面で大きな問題を抱えているのは驚くことじゃない。

誰もが厳しい状況にあるんだ。わたしたちも、かなり長いこと我慢してきた。可能な限り、引き延ばしてきた。でも来週以降、価格を引き上げなくちゃいけない。

どうしても避けることができない判断だということを分かってほしい。誰にとっても手ごろで公正な価格で出していることには誇りを持っている。

長い間、特にこの2年間、わたしたち家族を支えてくれたみんなには感謝の気持ちしかない。すべてのお客様、一人ひとりに感謝している」

店内で一仕事を終え、休憩している兄弟の1人に声をかけた。「何もかもだよ、何もかもが値上がりしている」。食材だけではない。たとえばディーゼルの値上がりはトラック輸送費の上昇につながり、それは店舗が材料を買う代金に加算される。値上がりによって生活が苦しくなっている従業員の給料も引き上げる必要がある。それもコストとなって業者の収益を圧迫し、値上げの圧力になる。

コロナ禍ではロックダウン（一時封鎖）で街から人が消え、飲食店の多くが立ちゆかなくなった。飲食関係の就業者数は20年2月の1233万人から4月には632万人に、2カ月間でほぼ半減した。悪夢のような期間をようやく終えつつある飲食店が、これまで支えてくれた常連に値上げを通告することがいかに悩ましいか。貼り紙の文章には苦悩がにじみ出ていた。

「ステルス値上げ」も横行

家族経営の飲食店が四苦八苦しつつも値上げ方針を表明するなか、大手メーカーの間では「ステルス値上げ」が流行した。一見すると同じパッケージで同じ値段に見えるが、実は内容量が減らされているというものだ。日本では、いつの間にか細くなった駄菓子の「うまい棒」が話題になったが、長期デフレの国の専売特許ではなかったようだ。

大型スーパーの「ターゲット」では、シリアル「ココア・ペブルス」が19・5オンスのファミリーサイズで売られていた。これは最近までまったく同じパッケージで内容量が20・5オンスだった。1オンスは約28グラム。朝食1回分が消費者に気づかれないように減らされていたことになる。

米サイト「コンシューマーワールド」にはこうした情報が、全米から寄せられている。1ロールが116枚から110枚に減ったペーパータオル。まったく同じ見た目なのに5オンスから4オンスになったグミ。ヨーグルト、洗剤、ドッグフード――。

こうしたステルス値上げは、収縮を意味する「シュリンク（shrink）」とインフレを組み合わせた「シュリンクフレーション」と呼ばれる。洗剤をかごに入れる買い物客のほとんどは気づかないが、買い物の頻度が増えるため無意識のうちに商品に対する満足度は下がる。企業にとってももろ刃の剣であり、何度も使える手法ではないはずだ。強引な手法が横行したことに、大企業側の余裕のなさを垣間見た気がした。

2　ガソリン高で政治闘争に

急落した政権支持率

「I DID THAT!（私がやった！）」。バイデンが自慢げに何かを指さすステッカーが22年春にかけて、全米で大いに売れた。使われた場所はガソリンスタンドだ。バイデンの指先を給油ポンプの価格表示に合わせて貼ると「私がわざと価格をつり上げた」と挑発しているような構図になる。価格高騰に対するドライバーの怒りは、大統領に向かう。

ペンシルベニア州に出張したついでにガソリンスタンドを探したところ、5カ所目で実際に貼られてあるのを見つけた。白いのりの跡もたくさん見つけたので、実際にはもっと多く貼られてあったのを給油所のオーナーがはがしていたのだと思う。「そんなところで探さなくても、それなら家の近くにあったのに」。出張から帰ってきたら同僚にそう言われて拍子抜けした。

「私がやった!」ガソリン高を大統領のせいにするステッカー、米東部ペンシルベニア州、22年4月

単なるいたずらと言い切れない。実際に米国にはガソリンの値段が上がると大統領の支持率が下がるジンクスがあるためだ。米国では9割以上の家庭が車を所有している。その数は2億7000万台を上回る。町中にあふれるガソリンスタンドの価格表示は、値上がりしたときだけ大統領の評価を下げる成績表となる。

全米自動車協会（AAA）が公表する全米平均のガソリン価格は6月、史上初めて1ガロン（約4リットル）あたり5ドル台にのせた。1年間で1・6倍という歴史的な高騰だ。一般的に市民がガソリンを高いと感じるラインは4ドルとされる。テレビニュースは連日「Pain at the pump（給油所での苦しみ）」のヘッ

図04　全米平均レギュラーガソリン価格

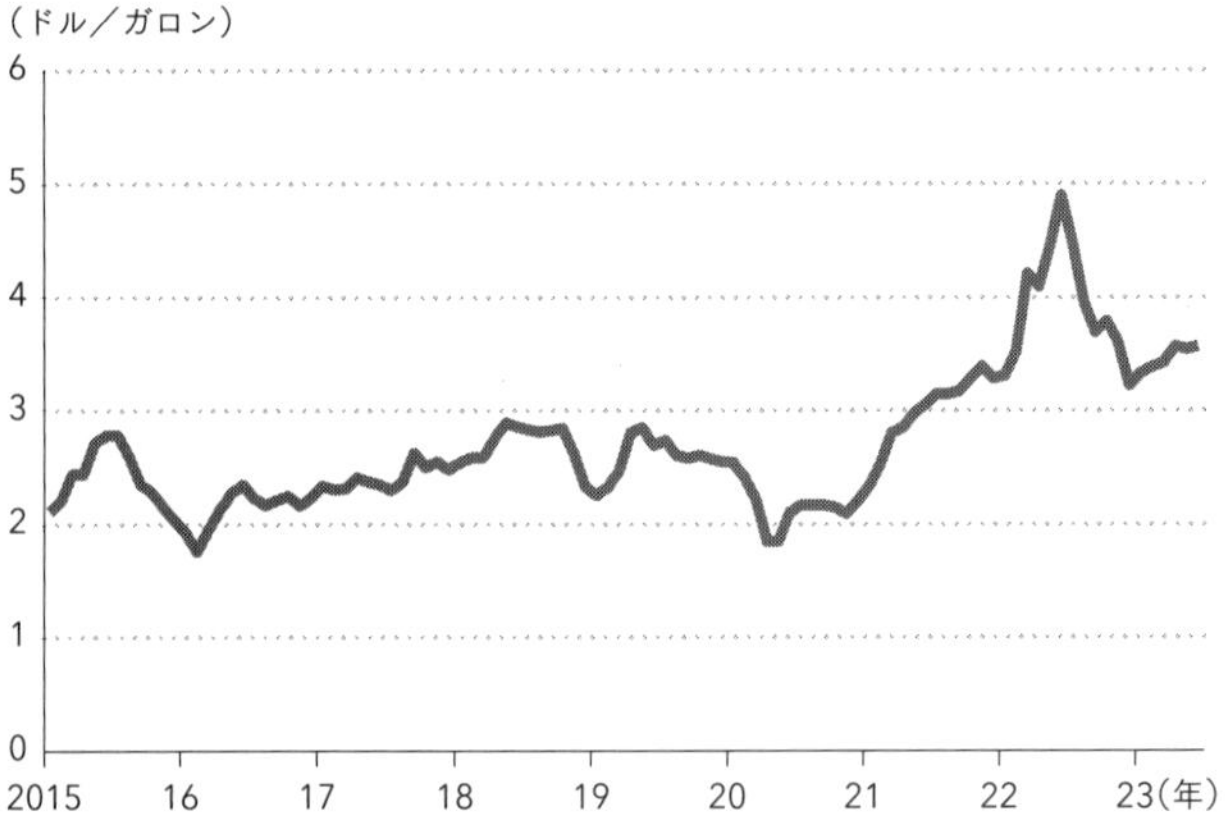

出所）米エネルギー情報局

ドラインで利用者の悲痛な声を伝えた。

米ギャラップの4月調査では、米国で最大の課題がインフレだと答えた市民の割合が17%と2カ月間で7ポイント上昇した。移民問題（7%）やコロナ禍（4%）と比べても突出して高い。唯一、インフレ問題を上回ったのは「貧弱なリーダーシップ」（20%）だった。大統領の支持率は41%と1年前の57%から大きく下落した。世論調査分析サイト「ファイブ・サーティー・エイト」によると6月3日に発足５００日となったバイデン政権の支持率は40・8%で、戦後14人の大統領で同時期として最低だった。

もちろん、ガソリンの高騰は原油の国際価格が上昇したことが主因であり、それはロシアが2月にウクライナに侵攻した影響が大きい。だが米国は産油国であり、中東の盟主サウジアラビアとも特別な関係を築いてきた経緯がある。価格を抑えることができなければ、それは大統領の責任にされてしまう。22年11月に中間選挙を控え、バイデン政権は崖っぷちにいた。

勢いづくトランプ

「バイデンは国を滅ぼそうとしている。トランプ前大統領だったらこのインフレも何とかしているよ」。5月6日夕、ペンシルベニア州グリーンズバーグの会場に集まった支持者は口々に力説した。トランプが同州で集会を開くのは、前回の大統領選があった20年以来となる。勢いづく支持者らの話をじっくり聞こうと、隔離される記者席ではなく一般のゲートから会場に潜り込んだ。

　トランプ集会は、まるでお祭りだ。巨大なクレーンで国旗がつるされ、多くの屋台が出て帽子やＴシャツなどグッズが売り出される。参加者の多くは「ＭＡＧＡ（Make America Great Again、米国を再び偉大に）」やバイデンを口汚く罵った言葉など、思い思いのスローガンを印字したシャツを着て、会場に流れる往年のヒット曲を熱唱している。

　この日はまるで「信仰心」を試すかのように、トランプが登場するまでの1時間半、野外の会場は豪雨に襲われた。隣の人の声も聞こえないほどの土砂降りのなか、ポンチョに身を包んだ観衆はじっと動かない。小降りになり、予定を大幅に遅れてマイクチェックが始まると周囲は異様な熱気に包まれた。

「私が大統領だった時、インフレも何もない、世界の歴史の中でもっとも素晴らしい経済が実現した。我々には安いガソリンがあり、安い電気があった」

「バイデンはこの50年で最悪のインフレを作り出し、それはまだ止まっていない。家計は年間６０００ドル以上の負担を強いられている。これまでに提案されたどんな増税よりも大きい。史上最大の増税だ。私の政権は米国史上で最大の減税をやった。レーガン政権よりも大きな史上最大の規制緩和を実行した」

事実かどうか疑わしい数字も織り交ぜながら、トランプの演説は進んでいく。インフレほど攻撃しやすい材料はない。生活苦への怒りをかき立て、それを政権への憎しみに転嫁する。ずぶぬれになった支持者らの表情はまるで救世主を前にしているようだった。「２０２４年、我々は美しいホワイトハウスを奪還する」。決めぜりふの「Make America Great Again」を全員で絶叫し、最高潮に達したまま演説は終了した。

支持者への取材を通して感じたのは、メディアへの不信感がいかに根深いかということだ。彼らは明確な根拠がないのに20年11月の大統領選は実はトランプの勝利だったと信じている。また21年１月６日に起きた米議会議事堂襲撃事件についてもトランプの責任を認めていない。

熱狂的な支持者に囲まれるトランプ前大統領、米東部ペンシルベニア州、22年5月

こうした点について質問すると「それは米CNNなどが偏向報道をしているためだ」と主張し、事実関係からしてかみ合わない。

米国は87年、放送の公平性を担保するために米連邦通信委員会（FCC）が設けていた「公平原則（フェアネス・ドクトリン）」を廃止した。公平原則が言論の自由を妨げているという議論があったためだ。私自身、自宅に送られてきた民主党議員のチラシに「ワシントン・ポスト紙が推薦」と大きく書かれてあるのをみて強い違和感を覚えたこともある。いかに中立な報道を心がけたとしても、トランプ支持者に対して民主党を明確に支持している主要メディアを信じるよう求めることは難しい。

主要テレビの中で数少ない共和党寄りの

フォックス・ニュースは、連日バイデン政権の攻撃を続けた。人気番組「タッカー・カールソン・トゥナイト」では、激しい物言いが人気の看板キャスター、カールソンが「バイデンフレーション（バイデンによるインフレ）」を連日取り上げ、政権の財政拡張路線をインフレの主因だと批判した。「インフレは、干ばつやハリケーンのような神の御業（みわざ）ではなく、飲酒運転のような怠慢によって生み出されるものだ。責任者が無謀で愚かであることの証明だ。だからインフレは政府の転覆を引き起こすのだ」。この番組は白人が有色人種によって追いやられるという陰謀論「リプレイスメント・セオリー」を全米に広めたことで知られている。

気候変動を巡るジレンマ

ガソリン高の抑制が特にバイデン政権にとって難しい問題だったのは、政権の看板政策である気候変動対策と逆行する施策になるためだ。ガソリンが足りないのであれば、供給を増やす必要がある。だが脱炭素を進めてきたバイデン政権はカナダから原油を米国に引っ張る巨大プロジェクト「キーストーンＸＬ石油パイプライン」の建設承認を取り下げたり、公有地を石油ガスの新規採掘にリースするのを停止したりして、むしろ供給を抑える取り組みを推進してきた。ガソリンの供給拡大は、こうした政策の転換だと民主党内から批判を浴びるジレンマがあった。

バイデン政権は22年3月、有事への備えとしていた戦略石油備蓄の放出を過去最大となる1日平均100バレルの規模で実施すると発表した。このほかベネズエラからの原油輸入拡大を模索したり、6月にはガソリンと軽油への課税を3カ月停止するよう議会に求めたりした。ベネズエラは19年に当時のトランプ政権が反米だったマドゥロ政権に経済制裁を発動した経緯がある。このバイデンの動きも共和党支持者の神経を逆なでするものとなった。大統領が要請したガソリン税の停止は議会でまともな議論すらされなかった。

化石燃料からの早期脱却を目指してきたバイデン政権と石油大手エクソンモービルなどエネルギー大手との関係が冷え切っていたことも不運だった。政権が増産要請に踏み切っても各社の動きは遅かった。バイデンは各社の最高経営責任者（CEO）に書簡を送りつけたうえで、6月22日の講演でいらだちを爆発させた。

「石油各社は利益を自社株の買い戻しではなく、ガソリン精製能力の増強にあてなさい。ガソリンスタンドは価格を今すぐ引き下げなさい。今日中にやるんだ」

バイデンはガソリン価格が一服した10月になっても恨み節を続けた。「石油業界は、米国への投資と国民への支援という約束を果たさなかった。大手の石油会社は次々と記録的な利益を報告しているが、それは勤勉さへの正当な見返りではない。エクソンは7～9月に187億ドルの利益を上げた。21年の3倍で、152年の同社の歴史のなかでもっとも大きい。勘弁してくれ、もう十分だ。私は資本主義者だ。企業が適正な利益を上げ、投資や技術革新の見返りを得ることには何の問題もない。だが今起きていることはまったく違う」

インフレが40年ぶりの記録を更新し続けた22年前半は、ちょうど11月の中間選挙に向けて2大政党の応酬が繰り広げられた時期と重なる。結果として利上げが遅れたＦＲＢへの批判は高まらなかった。むしろコロナ禍後の混乱で経済の先行きが読めないなか、歴史的な急ピッチで利上げを進める姿を肯定的に捉える議論が多かったように思う。本来であれば利上げ局面での中銀は景気が過熱する手前で経済に冷や水を浴びせる嫌われ役を担うはずで、そのための独立性でもある。出遅れたために誰もがインフレ抑制の必要性を認識し、それがＦＲＢを称賛する声にすらつながったのは少し皮肉に感じた。

3　人手が足りない！

プール閉鎖やストライキ、きしむ社会

「助っ人、求む」「是非、わたしたちのチームに！」。ワシントンの街には求人広告があふれていた。家から職場まで20分歩くだけで、5～6件は見つけることができたほどだ。衣料店と飲食店が圧倒的に目立つ。企業の人手不足は22年を通して深刻で、10月末に近郊で最大のショッピングセンターを訪れた際は同じフロアで衣料品店の4割にあたる14店舗が店頭に求人広告を掲げていた。店舗の入り口の真ん中に、セールの看板よりも目立つ場所に置かれていたのが印象的だった。

　米労働省が公表する雇用動態調査（ＪＯＬＴＳ）[*9]ではコロナ禍前まで７００万件だった求人が22年3月に約１２００万件まで急増し、過去最高を記録した。失業者1人につき2件の求人がある状態だ。企業が雇用に熱心で、働きたい人がすぐに職を見つけられる状態は本来、望ま

図05　企業の求人件数が急増した

出所）米労働省

しいはずだ。ところがそれが過度に進み、きしみが生まれたのが22年の米国だった。

影響は至るところに広がった。「食卓に牛乳や牛肉を届ける責任があるのに、人手が足りないんだ」。米中西部カンザス州で酪農を営むリー・ホルトマイヤーは9月、農業分野への移民拡大を訴えるイベントで危機感をあらわにした。ライフセーバーの不足で22年夏は全米の3分の1の公共プールが閉鎖や営業時間の短縮に追い込まれた。航空各社はパイロットや整備士の不足で便数の削減を余儀なくされた。教師や獣医など社会のインフラを担う職種で悲鳴が相次いだ。

コロナ禍で人手不足が慢性化し、待遇改善を訴える声はさまざまな業界で日増しに強まった。ＣＰＩの前年同月比が9・1％に達した6月。労働者の賃金の伸びを示すアトランタ連銀の「賃金トラッカー」でみた1年間の賃上げ率は6・7％にとどまった。給料で買えるモノは減っており、実質的な賃下げになっていたことになる。

米労働省によると、1000人以上が参加した大がかりなストは22年で23件あり、参加者は12万人と前年の1・5倍に急増した。人手不足が深刻な教育関係が全体の6割を占め、1月にニューヨークで3日間ストを決行した看護師など医療関係者も3割と大きかった。

なかでも騒ぎになったのは9月に約30年ぶりのストが懸念された鉄道貨物だ。全米の貨物の3割が止まると言われ、期限の直前になってホワイトハウスが仲裁に入った。この時は14％の即時賃上げや有給休暇の取得条件の緩和などで和解したが、衝突は12月になっても米議会が介入するほど深刻化した。

インフレを抑えるのに肝心なのは急速な賃上げと物価のスパイラル的な上昇を生まないことだ。ところが政権が労使交渉に介入し、経営者側に賃上げを促さなければならないほど事態は

＊9　**雇用動態調査（ＪＯＬＴＳ）**
米労働省が毎月公表する主要産業別の労働実態調査のこと。Job Openings and Labor Turnover Survey の頭文字をとってＪＯＬＴＳ（ジョルツ）と呼ばれる。企業の求人件数や採用、離職などの動向を示す。雇用統計と並んで、労働市場での最重要指標に位置づけられる。「求人労働異動調査」とも呼ばれる。

混迷していた。

ベビーブーマーの早期退職

なぜこんなことになったのか。理由はコロナ禍による構造変化だった。

まず人口要因だ。米疾病対策センター（ＣＤＣ）によるとコロナによる死者数は22年４月に累計で１００万人を超えた。移民の流入数も抑えられたため、働き手となりうる人口が抑えられた。

次に戦後から60年代にかけて生まれたベビーブーマー世代の早期退職だ。カンザスシティー連銀のエコノミストは22年５月に公表したリポートで、仕事に戻るはずなのに戻らない人が２００万人に上り、その７割近くが65歳以上であることを突き止めた。コロナ禍で一時解雇（レイオフ）されたり、感染を警戒して退職したりした人が、前倒しで引退した可能性がある。金融緩和で住宅など資産価格が上昇していたことが、働かない余裕をもたらしたとも指摘された。

20年４月から21年末にかけて学校や保育所が再開し、子育て世代を含めたプライムエイジと呼ばれる働き盛りの職場復帰が本格化した。だが早期退職などを背景に職探しをしていない「非労働力人口」は19年12月時点の９５５０万人から20年４月に初めて１億人を突破したあとも高止まりを続けた。人口に対して働く意欲のある人の割合を示す労働参加率はコロナ禍前の64・

4%から22年4月に60・1%まで急落した後、22年末時点でも62・3%までしか回復しなかった。

非労働力不足の増加は、実はコロナ禍前から続いていた。19年末までの20年間でみると4割も増えている。原因は高齢化だ。65歳以上の人口は19年までの10年間で3割も増えた。フロリダ州やウェストバージニア州は5人に1人が65歳以上だ。「老いる米国」の現実がコロナ禍を経て前倒しで突きつけられたことになる。

米国は移民によって若い労働力を補充し続けてきた。ただ安価な時給でも働く移民は、市民に職を奪われる懸念ももたらし、常に社会問題となってきた。「移民は問題ではなく、むしろ米国が抱える問題に対する解決策だ」。調査団体の全米移民フォーラムは働き手不足に陥った米国に警鐘を鳴らした。

雇用統計で泣き笑い

「なんて数字だ！」。月初めの金曜日、米東部時間の朝8時半に発表される雇用統計[*10]は、経済指標の中でももっとも注目される。数字は22年を通して市場予想を上回り続け、発表された直後に米テレビのCNBCでニュースキャスターらが絶叫するのが恒例となっていた。

かつては米労働省に記者が集められ、通信を遮断された部屋で発表より少し先に資料を見ることができた。間違ったヘッドラインが配信されるのを防ぐ仕組みで、中銀の発表などでも一般的なシステムだ。ところがこの慣行はすでに廃止された。記者もサイトで数字を確認し、そこから記事を配信するようになった。

市場を動かす最重要指標だけに各紙とも速報を競い合う。記者は事前に原稿を用意しておいて、最後に発表された数字を埋め、公表後わずか数分で出稿することになる。問題はこの指標が予想から大きく乖離する点だ。しかも市場を揺るがした速報値が1〜2カ月先になって、また大幅に修正されることもある。人手不足に悩む業界の声などを盛り込んだ予定稿のストーリーと出てきた数字のニュアンスが異なっていたり、市場の反応が想定と逆方向に動いたり、とにかく記者にとって扱いが難しい指標である。

コロナ禍で起きた米国の労働市場の構造変化は、さらに統計を狂わせた。たとえばインフレの勢いをみるうえで市場関係者が注目する平均時給も、コロナ禍で異常値になった。雇用統計ではある時点で働いている人の時給を分け隔てなく平均する算出方法のため、低い給与水準の人が多く解雇されたコロナ禍では平均値が前年比で8％まで急騰したことになってしまった。同じ人の給与水準を追跡するアトランタ連銀の「賃金トラッカー」は3％台で安定推移しており、動きがまったく異なっていた。

22年になっても賃金水準の異なる業界で雇用の戻るペースがまちまちだったため「数字を額面通り受け止めてはいけない」（米アマースト・ピアポント証券）と警戒する声が根強かったが、

市場はその動向に一喜一憂して動いた。市場が動けば、電子版でアップデートされていく各紙の論調もそれに沿った解釈に寄っていくのだが、22年の後半は債券市場[*11]と株式市場で解釈が分かれることが多かった。

雇用統計を巡る泣き笑いは、見ていて奇妙だった。22年前半は強い雇用統計の数字が出てくると、ＦＲＢの金融引き締めが強まるという思惑から株価が下落し、債券市場では金利が上昇（債券価格は下落）した。経済が強いという結果なのに、株安を招く。「グッドニュースはバッ

*10 **雇用統計**
米労働省が月初の金曜日に公表する重要指標。非農業部門就業者数の前月比での増減、失業率、平均時給などが特に注目される。失業率や労働参加率は家庭向けの調査から、就業者数や平均時給は事業所向けの調査から算出している。米国がサマータイムになる3～11月は日本時間の午後9時半、それ以外は10時半に公表され、外国為替市場などで価格の急変動を起こすことが多い。

*11 **債券市場**
国債や社債などを取り扱う金融市場のこと。債券が買われて価格が上昇すれば、金利は低下し、売られれば金利は上昇する。国債は償還の時期まで持ちきれば元本が返ってくる安全資産であるため、一般的に投資家がリスクをとれるようになれば債券が売られ、株が買われる傾向にある。中央銀行の利上げが予想される場合は、政策金利が引き上げられることを予想して先に市場の金利が上昇する。特に償還までの期間が2年の「2年債」などは金融政策の動向を反映して売買されることが多い。長期金利の指標である10年債利回りは将来の成長率やインフレ率の予測などさまざまな要因で決定される。

ドニュース」という反応が定着した。

ところがバイデン米政権は「グッドニュースはグッドニュース」、しかも「バッドニュースもグッドニュースだ」と主張し続けた。バイデンは5月30日に米紙への寄稿でこう書いている。「月平均の新規就業者数が今後1年で現在の50万人から15万人に近づいたら、それは経済回復が次の段階にうまく移行している証拠だ。これは低い失業率の健全な経済と矛盾しない」。一方、速報値で就業者数が52万8000万人増と予想を上回った7月の雇用統計が出た直後には「歴史上、もっとも多くの人が働いている」と高らかに歓迎コメントを出した。

失業なきマイナス成長

失業率を上昇させなくても、労働市場の過熱を抑えることができる。バイデンが示唆したこの考え方を巡っては、再びFRBとサマーズが対立した。

議論になったのは「ベバリッジ曲線」と呼ばれるグラフだ。横軸に失業率、縦軸には求人件数が失業者の何倍かを示す欠員率を置く。2000年以降のデータを並べていくと、コロナ禍以降は突出して上にはみ出していることが分かる。簡単に言えば、これまでの経験値からみて求人件数が多すぎるという。FRBが金融引き締めによって企業活動を抑制しても、求人件数が減る勢いに比べて失業率は安定する。この理論についてFRBのウォラー理事が論陣を張った。対するサマーズは、今の物価を安定させるためには６％まで失業率を引き上げざるを得ないと主張した。

「インフレは一時的か」の論争ではサマーズに軍配が上がったが、この論争は少なくとも23年前半まではＦＲＢ側に軍配が上がった。企業の求人件数がやや落ち着き、テック企業がいくら一時解雇（レイオフ）を増やしても、職を失った人はすぐに次の職場を見つけることができた。物価の前年同月比上昇率が1年ほど続けて鈍化を続けるなか、失業率は３・５％程度の歴史的な低水準のまま安定推移した。

　低い失業率は、景気後退を巡る論争でも重要な論点になった。「これは経済学者が定義する景気後退ではない」。22年7月28日午後、記者会見に出たイエレン米財務長官は説明に躍起になっていた。この日の午前に発表された4～6月期の国内総生産（ＧＤＰ）[*12]の速報値で、実質経済成長率が年率でマイナス０・９％減となり、２四半期連続のマイナスになったためだ。２期連続のマイナス成長は、国際的に「テクニカル・リセッション（技術的な景気後退）」と呼ばれる。イエレンは雇用増が３カ月で１１０万人にも上る歴史的な高水準にあり、失業率も上昇していないと状況の特殊さを力説。「大規模なレイオフ（一時解雇）や企業の倒産、圧迫される家計」こそが景気後退の定義だと訴えた。

テクニカル・リセッションは米国で１９４９年以降に10回起きたが、すべて正式に景気後退と認定された。例外となれば、終戦後の47年以来、75年ぶりとなる。２期連続のマイナス成長がなかった景気後退は60年と01年の２回しか起きていない。２０２２年１〜３月期は確かに特殊な事情があった。コロナ禍からの回復局面で米国の個人消費が強く、強い需要をまかなうための輸入が急増した。輸入は技術的にＧＤＰのマイナス要因となる。専門家の多くが今回は数少ない例外になるとみている。

景気後退の烙印（らくいん）は、経済政策の失敗を意味する。実際に共和党のテッド・クルーズ上院議員はツイッターでイエレン会見を「責任逃れの言葉遊びだ」と糾弾した。11月の中間選挙を控えて野党に攻撃材料を与えたくない政権にとって、失業の少なさは経済が落ち込んでいないことをもっとも分かりやすく示せる材料になった。

＊12 **国内総生産（ＧＤＰ）**
経済の規模や成長の勢いを示す代表的な指標。Gross Domestic Product の略で、一定期間内にその国のなかで生み出されたモノやサービスの付加価値の総額を示す。経済の規模を示す場合は名目値で、成長率をみる場合は物価の影響を差し引いた実質値で前期からの増減をみる。経済学では生産、分配（所得）、支出のいずれの観点から計測してもＧＤＰの規模は同じになる「三面等価の原則」がある。支出の面から見た場合、米国では7割を個人消費が占める。そのほかに住宅投資や企業の設備投資、政府による投資、純輸出（輸出から輸入を引いたもの）がある。速報値、改定値、確定値がそれぞれ発表される。

4　インフレはなぜ起きたのか

6割が需要要因

結局のところ、米国の経済に40年半ぶりの高インフレをもたらした原因はいったい何だったのかを整理したい。

供給側の要因としてコロナ禍からの経済回復が始まった21年初からはサプライチェーン（供給網）の目詰まりが深刻になり、半導体や自動車部品が届かずモノが作れなくなった。特に米国の西海岸で物資の滞留が生じ、ロサンゼルス港ではコンテナ船の平均待ち時間が21年初の2倍の2週間程度に、ロングビーチ港では3倍の25日程度に長期化した。１００隻以上の船が沖合で待たされた。この混雑は22年春までに解消しており、米サプライマネジメント協会（ＩＳＭ）が公表する製造業の入荷遅延も22年にかけて急速に改善した。

さらに22年2月からはロシアのウクライナ侵攻が原油・食糧の価格を大きく押し上げた。

需要側の要因としては、21年3月に1・9兆ドルの規模で成立した米国救済計画法（レスキュー・プラン）がある。経済の底割れ回避を優先するため、85％の世帯に1人１４００ドルを配った。ＦＲＢが集計する家計の決済口座（普通預金）の残高は比較可能な１９８７年からずっと1・5兆ドルを超えたことがなかったが、21年末の3・9兆ドルまで2年間で約3兆ドルも跳ね上がった。増加幅は世界7位であるフランスのＧＤＰと並ぶ規模だ。

臨時収入が増えた一方で、米国の家計はコロナ禍のなかで外出を控え支出を抑えてきた。コロナ禍まで1割弱で推移していた可処分所得に対する貯蓄の比率は20年4月に33・8％に跳ね上がり、21年中は高止まりを続けた。専門家の多くはこの結果生まれた過剰貯蓄を2～3兆ドルと見積もった。これが22年にかけて強い個人消費を支えた。

需要を刺激した要因には、コロナ禍対応でＦＲＢが打ち出した金融緩和策も含まれる。20年3月15日、ＦＲＢは日曜日に臨時のＦＯＭＣを開き、政策金利を一気に1％下げてゼロ金利政策を約4年ぶりに復活するとともに、量的緩和政策も再開した。

ニューヨーク連銀のエコノミストは19～21年のＣＰＩを分析し、供給要因は21年末にかけての物価上昇のうち4割を説明すると分析した。6割はコロナ禍からの回復局面での消費など需要要因という。

モノからサービスへ

22年に入ると外食や旅行が本格的に可能になり、個人消費の中心がモノからサービスに移ってきた。個人消費支出を四半期ベースでみてみると、モノの消費は22年に減速し22年10〜12月期は前期比でマイナスに転じた。対するサービス消費は22年も急回復を続けた。

22年夏、あるウーバー運転手との会話は印象深かった。休暇の予定を尋ねると中南米に住む家族に会いに戻るという。航空運賃がサーチャージも含めて高額になっているが、それでも関係ないと話す。コロナ禍が始まってしまい3年間も家族に会えていないためだ。また強毒性のウイルスが発生すれば、再び会えない日々が始まるかもしれない。移民国家の米国では、親族が国内外で分かれて暮らす家庭も多い。どれだけガソリンが高くても、航空運賃が高くても需要が衰えない理由が分かった気がした。

さらにサービス価格を押し上げる要因になったのが、物価に遅れて上昇を始めた賃金だ。アトランタ連銀の「賃金トラッカー」をみると、21年5月の伸びは3・0%で、そこから22年6月の6・7%までほぼ直線的に加速した。従業員の給与が上昇すれば、飲食店などでは値上げの圧力になる。こうしたサービス価格は値上げが定着するまでに時間がかかる半面、動き出したら止まるまでにも時間がかかる。米国のインフレはこうして「粘着性」を高めていった。

グローバル・インフレ

初期のインフレの大半が需要面で生み出されたとすれば、共和党が批判するようにバイデン政権の財政・金融刺激は強すぎたということになる。「あなた方はサプライチェーンの混乱が拡大している経済に１・９兆ドルもの『インフレ燃料』を投下し、さらに無謀な支出を推し進めた」。22年6月7日、米上院でイエレンは共和党の議員から猛攻撃を受けた。これに対してイエレンは「当時は中小企業の37％が潰れるという調査もあった」と反論する。先が見えない経済ショックのさなか、経済の下支え策は「小さすぎるより大きすぎる方がまし」という訳だ。

イエレンは議会証言に先立つ5月31日、米ＣＮＮのインタビューでキャスターから結果的に物価動向を見誤ったのではないかと再三尋ねられ「間違えた」と発言した。政治的な駆け引きが苦手な経済学者であるイエレンの純朴な反省の弁は、政権にさざ波を起こし、11月の中間選挙後にイエレンを財務長官から引退させる観測まで浮上した。

もっとも、歴史的なインフレは米国だけでなくグローバルに発生した。国際通貨基金（ＩＭＦ）によれば22年末は先進国全体でインフレ率が７・３％と比較可能な89年以降で最大を記録している。財政余力の乏しい新興・途上国も10％を超え、98年以来の水準だった。この事実は、パンデミックからの出口という特殊な状況でいかにインフレを防ぐことが難しかったのかを証明している。

Column 2

経済統計はなぜ外れ続けたのか

「予測業務に関わる人間は少し心を入れ替えた方が良いのではないか」。２０２３年６月、サマーズ元財務長官のこんな辛辣な発言が話題を呼んだ。雇用統計の就業者数の伸びが14カ月連続で事前の市場予測を上回ったというニュースに対するコメントだった。

消費者物価指数（ＣＰＩ）も同じだ。前年同月比の伸びが加速した21年３月〜22年９月をみると、予測が実績を下回ったのは16回。実に８割以上も、同じ方向に外していたことになる。

市場予想は、さまざまなシンクタンクや金融機関のエコノミストたちの予測を集計したものだ。当然ながら外れることはあるが一方向だけに偏るのは珍しい。ちなみに物価がまだ落ち着いていた20年は12カ月のうち予測が実績を下回ったのはちょうど半分の６回。ぴったりが２回で、上回ったのは４回だった。

予測を同じ方向に外し続けたのはＦＲＢも同じだ。ＦＯＭＣ参加者が21年12月に出した経済見通しでは、個人消費支出（ＰＣＥ）物価指数の伸びが22年末時点で２・６％になるとみていた。これはその後３カ月おきに４・３％、５・２％、５・４％、５・６％と連続して上方修正を迫られていった。

経済統計が発表された時、株価や為替の市場関係者が反応するのは数字の水準そのものではなく、市場予測とのズレだ。たとえば物価上昇率が５・０％と高い伸びになると予想されていた場合、株価や為替は統計の公表前にはある程度その結果を織り込んでいることになる。結果が４・８％ならいくら２％の物価目標に照らして十分に高い水準であっても「思ったより弱かった」という結論になり、金融引き締めが思ったより強まらないという安堵感から株価を押し上げる材料になる。

雇用や物価の強さを官民ともに見誤り続けた結果、政策は後手後手に回り、市場関係者はたびたび打撃を受けた。

ではなぜ同じ方向に外れ続けたのか。

私はかつてシンクタンクの日本経済研究センターで短期的な国内総生産（ＧＤＰ）の予測業務に関わらせてもらったことがある。できの悪い研修生ではあったが、予測の仕組みを内側から勉強できたことは刺激になった。

面白かったのは経済予測の基礎となるモデルの作り方だ。たとえば物価の予測をしたいときは、まず何が物価に影響を与えるかを考える。企業がモノやサービスの値上げをしやすくなるのは、家計の消費行動が活発なときだ。賃金が上昇していたり、モノが値上がりを続けるという予想が強まって高価なモノを早めに購入する人が増えていたりすれば、さらに勢いは強まりそうだ。原油価格が高騰しているときも時間差でガソリンの値上がりにつながる。住宅ローンを組むときの金利が下がれば、より高い物件に手が出るようになるかもしれない。

個人消費、賃金、インフレ期待、原油価格、住宅ローン金利。これらの過去のデータをグラフにすると単純な右肩上がりのものもあれば、ギザギザのものもある。これらを組み合わせて過去の物価のグラフと似たような動きの線を生み出す式をコンピュータに探してもらうのだ。人間がやる作業はデータの加工と組み合わせを何度も何度も試してみること。

思い出のカレーの味を再現するのに、何の材料を使っていたのか、調味料は何だっ

図06　米消費者物価上昇率、市場予想とのズレ

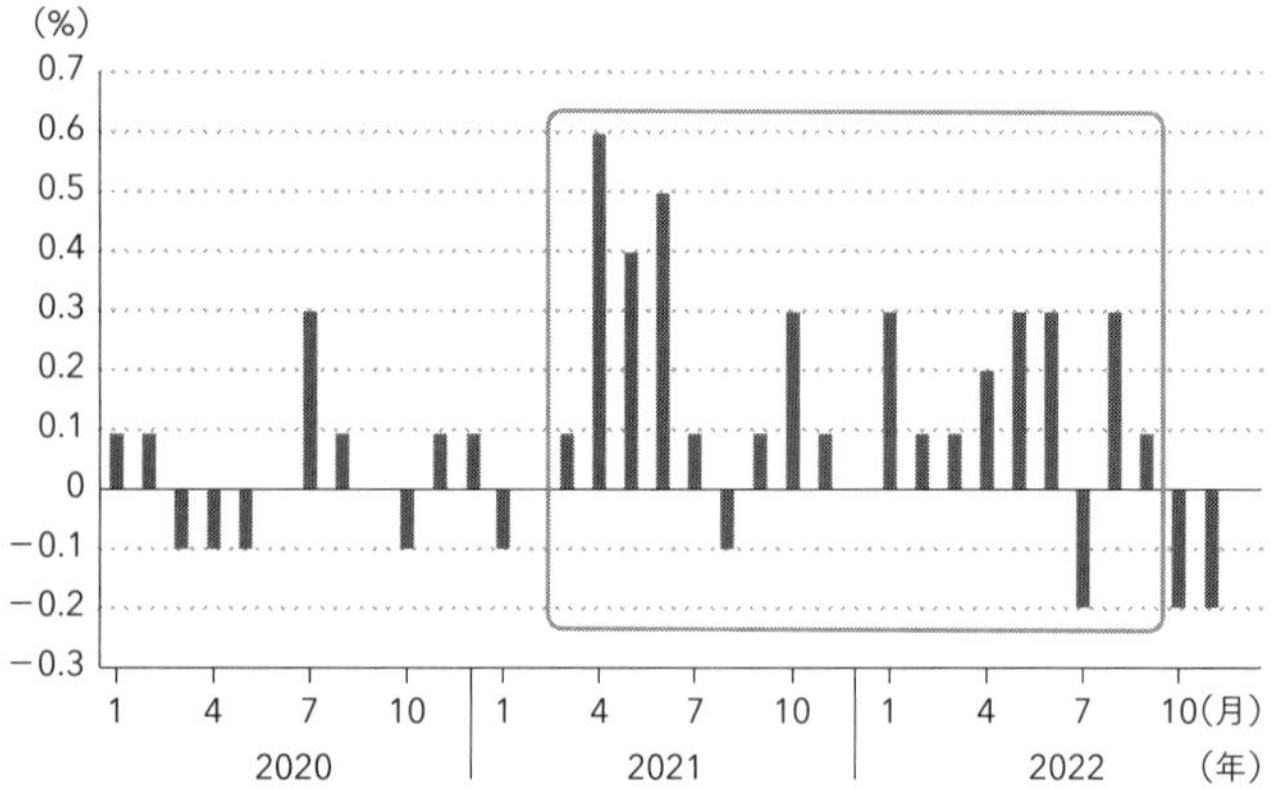

出所）米労働省、ダウ・ジョーンズ

たのか、具材をどう切っていたのかを一つひとつ出し入れして正解に近づいていくような感覚だった。ピッタリになる式ができあがり、それが正しいと言えるかを検証できれば終了だ。材料となるデータ（説明変数）が今後どう動くのかを入力すれば、将来の推計値がはじき出される。説明変数である個人消費や賃金を推計するモデルもあり、それらが無数に組み合わさってGDP全体、つまり経済全体の形を織りなす。

このように、基本的には過去のデータを使った延長で未来の姿を映す手法なので、経済構造の変化が現在進行形で起きているときには弱くなりがちだ。いつも使っていた材料をどう組み合わせても、刻々とかわるカレーの味に近づかなくなる。新しく浮上した要因をうまく見つけることは至難の業で、仮に候補があっても式に入れ込めるほど長期間のデータがそろっていないケースが多い。結果として、物価を押し上げている何か新しい要因をうまくつかめないまま予測をせざるを得ず、それが実績を下回る予測の連続につながった可能性がある。

季節性を考慮する際の問題もある。たとえば飲料の消費は汗をかく夏場に一気に増加し、冬は控えめだ。夏から秋にかけて飲料の消費が落ち込んでも、それは季節要因であり消費が本当に弱くなった訳ではない。こうした問題を解決するのが季節調整と呼ばれる処理だ。パンデミックで在宅が増え夏場なのに飲料消費が増えなかった場合、この計算式に歪みが生じてしまう。

都市封鎖（ロックダウン）やテレワークの急拡大、レジャー・飲食業など幅広い業種で起きた一時解雇の急増。エコノミストらは未曽有の事態を踏まえ、あの手この手で正確な予測をするための試行錯誤を繰り返したに違いない。だがこれだけの構造変化のなかで、正確な予測には限界があった。

第三章

巻き返し

1　「ハリケーンが来る！」

80年代以降で最速の利上げに

２０２２年３月に０・25％の利上げでゼロ金利政策を解除して以降のＦＲＢは、振り切ったように歴史的な金融引き締めに突進していく。政策金利[*13]を１年余りで計５％も引き上げたのは少なくとも80年代以降で最速だ。５月には約22年ぶりに０・５％の利上げを実施。６月には利上げ幅をおよそ27年ぶりとなる０・75％に拡大し、それを４会合連続で実施した。物価上昇率の加速が止まらないなか、ＦＲＢ高官らの焦りは大きかった。

「経済は極めて力強い。非常に逼迫した労働市場と高いインフレを考慮すれば継続的な利上げが適切だ」。３月16日の会合後にバーチャルで記者会見に臨んだパウエルの表情に、市場関係者はこれまでなく強い意志を感じ取っていた。ロシアがウクライナに侵攻してから、まだ３週間しか経過していない。経済が大きく下押しされるかもしれない「有事」のさなかに、経済を圧迫する利上げ路線を強く打ち出せるのか。その疑念を押し戻すのに十分なほど、パウエルの言葉は高インフレへの警戒感に満ちていた。

　ＦＲＢはその後も市場に強い衝撃を与えないよう極めて戦略的にメッセージを更新していった。まずこの議長会見で量的引き締め（ＱＴ）の実施を予告したうえで、22年末時点の政策金利の予想をＦＯＭＣ参加者の中央値で１・９％に引き上げ、年末までにあと６回分の利上げがあることを織り込ませた。

　わずか２日後の18日には、会合で大幅利上げを主張して反対票を投じたセントルイス連銀のブラード総裁に加え、ＦＲＢ本部にいるウォラー理事が次回会合での０・５％の利上げに前向きな姿勢を打ち出した。さらに３日後、今度はパウエルが全米企業エコノミスト協会（ＮＡＢＥ）の講演で０・５％利上げを示唆。米ゴールドマン・サックスは即日、次回の５月会

＊13　**政策金利**
中央銀行が金融政策を行うために設定する金利のこと。中銀が金融調節によって誘導しやすい短期金利であることが多い。銀行が融資する際の金利や預金金利などの動向を通じて景気や物価に影響を与える。引き上げると景気や物価の勢いを抑え、引き下げると逆の効果を生む。ＦＲＢの政策金利はフェデラルファンド（ＦＦ）金利。日銀は無担保コール翌日物金利だが、２０１６年からは長期金利も誘導する政策を導入している。

合での利上げ予想を0・25％から上方修正した。

蓋を開けてみると、4月6日に公表された3月会合の議事要旨で、すでに多くの参加者が0・5％の利上げを一回か、それ以上実施する可能性に言及していたことが判明した。会合後の議長会見ではいったん0・5％への直接的な言及を避け、高官らの発言、講演、議事要旨といったさまざまな発信ツールを使う周到なコミュニケーションで、大型利上げを抵抗感なく既定路線にしていった。

中銀は金融緩和の際には市場へのインパクトを最大限に発揮するためサプライズを重視することが多い。市場参加者が考えていたよりも景気や金融システムの安定を重視するという姿勢を見せることで安心感を生み出すことができるためだ。反対に経済や株価にとってマイナスになる金融引き締めはいかにショックを生まないかがポイントになる。

特にパウエルは理事として、失敗例を身近で見ていた経験を持つ。２０１３年5月、バーナンキ議長（当時）が量的緩和の縮小を示唆したのがサプライズと受け止められ「テーパー・タントラム」[*14]と呼ばれる市場混乱を招いた一件だ。金融緩和の正常化への計画はこの発言一つで先送りを迫られた。

少なくともＦＯＭＣ会合の当日には、決定内容が市場に受け入れられていること。これが今回の利上げ局面全体を通した不文律だった。

パウエルの「口約束」

予定通り0・5%の利上げを実施した5月4日のFOMC。議長会見は2年ぶりに対面で開かれた。会場のマーチン・ビルに入るには、まず入り口で新型コロナのワクチン接種証明を見せる必要があった。イエレン米財務長官の記者会見で米財務省に入る際には別室で簡易検査も求められたが、FRBはまだ緩やかだった。会見場はあらかじめ席が決められており、質疑応答では司会者がリストに書かれた記者の名前を読み上げていくように質問者を指名した。総裁が会場を見渡しながら、挙手する記者を指す日銀と比べ、よりシステマティックな印象だ。

パウエルはここで踏み込んだ発言をする。「今後2回程度の会合でも0・5%の利上げを検討する」と明言した。インフレ率など先が読めない状況下で、2回も先の会合について具体的な

＊14　**テーパー・タントラム**

２０１３年5月に起きた市場混乱。中銀が資産購入量を減らして量的緩和を縮小する「テーパリング」を警戒し、市場がtantrum（かんしゃく）を起こした、という意味で名付けられた。先進国の中銀による資金供給が縮小すれば世界中から投資資金が引き揚げられるとの連想が働き、新興国に通貨安などの影響が広がった。

予告をすることは珍しい。しかも会合のない8月を挟むため「3連続の0・5%利上げシナリオ」の最終回は9月とかなり先になる。

市場がさらに驚いたのは記者から0・75%の利上げの可能性を聞かれて「活発な議論をしていない」と否定したことだ。セントルイス連銀のブラード総裁は5月会合の前に0・75%の利上げに言及。市場は次の6月会合で実施する可能性を7割ほど織り込んでいたため、突然の「ハト派」[*15]発言に驚いた。同日の米株式市場でダウ工業株30種平均は前日比932ドル高の3万4061ドルとなった。

タカ派からハト派にぶれたようにみえるパウエルの真意はどこにあったのか。

それは長期金利の急変動を抑えつつ、今後の利上げで得られる引き締め効果を前倒しで得ることだった。

米債券市場では2年債利回りが22年初の0・8%から5月会合前日の3日につけた2・8%まで2ポイントも跳ね上がっていた。この間、政策金利であるフェデラルファンド（ＦＦ）金利の誘導目標は最初の0・25%しか引き上げられていない。のちに日本経済新聞がインタビューしたブラードは、この状況を「心地良い」と明言した。ＦＲＢの先行きを巡る思惑のブレをなくし、長期金利をこの状態で維持したいというのが彼らの思惑だった。

ＦＲＢが誘導するＦＦ金利は短期金利と呼ばれ、極めて特殊な世界で使われている。ＦＲＢ

図07　フェデラルファンド(FF)金利

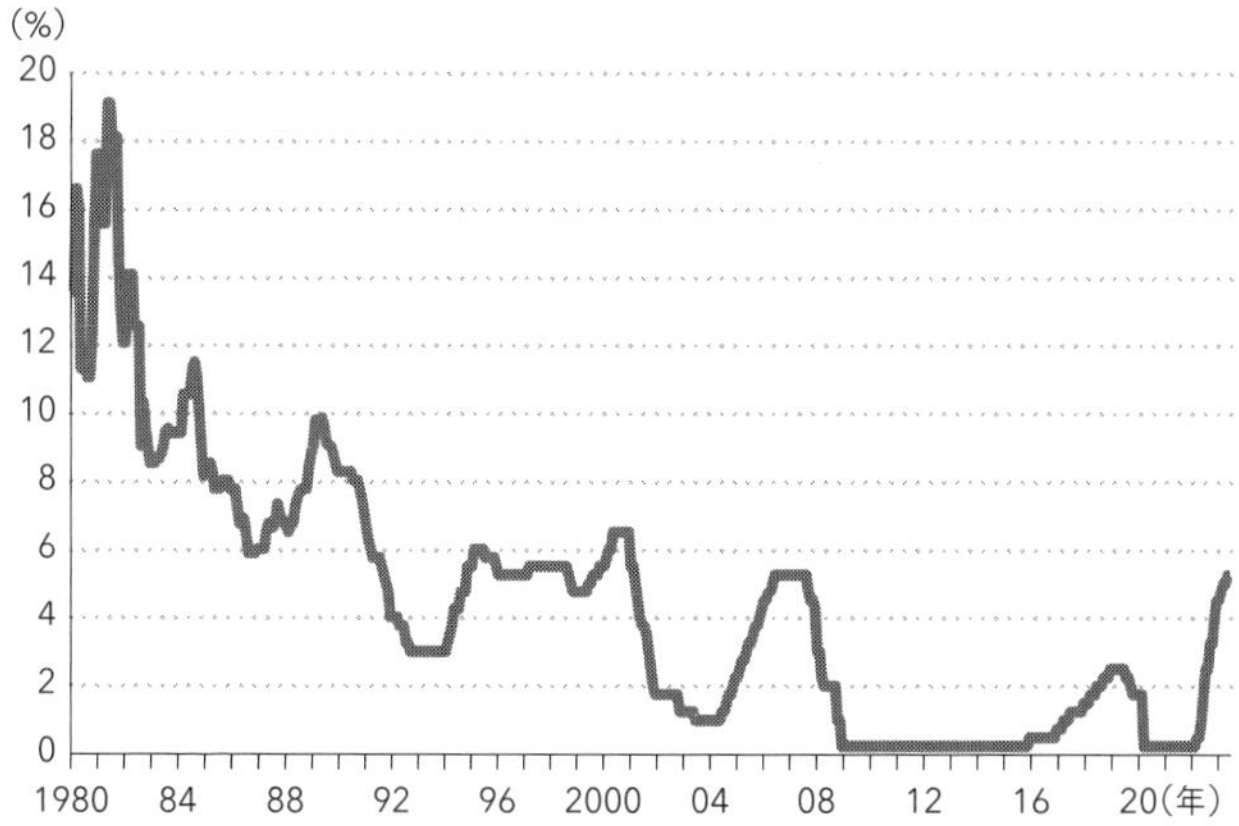

注)誘導目標の上限

に準備預金口座を開いている商業銀行や政府系機関などが1日単位で資金を融通し合う短期金融市場だ。1日だけ資金を貸し出す場合の金利収入は元本と比べて極めて小さいが、扱う資金が巨額なので需要と供給がバランスしている。

　これに対して、実際の経済に響くのは2年債や10年債など長期にお金を借りる際の金利だ。たとえば企業が新たに工場を建設するため銀行から2年後に返す約束でお金を借りる場合は、償還が2年前の国債の利回りを目安にして、そこから企業の信用力などに応じて利息を上乗せする。個人が10年固定で借りる住宅ローン金利が国債の利回りと連動して上下するのも同じ仕組みだ。

　こうした長期金利はＦＲＢが直接コントロ

2年ぶりに対面の記者会見に臨むパウエル議長、米ワシントン、22年5月

ールできないが、ＦＦ金利など短期金利の引き上げを示唆すればおおむね上昇する。たとえば２年債を売買する投資家は、取引する際に今後２年間で起きる変化を考慮して取引する金利水準を考える。今回の場合、実際の利上げは１回しか実現していないが、インフレ率の加速は収まる兆しがなく大幅な追加利上げが確実視されているため長期金利が大幅に跳ね上がった。２回目の利上げに入る前に「口約束」だけで今後複数回分の利上げを終えたのと同じ引き締め効果が生み出されていたことになる。ＦＲＢにとって好都合なこの状況のまま、市場の利上げ予想を固めてしまおうというのがパウエル発言の真意だった。

CPIショックと「影の総裁」

この危うい「市場との対話」は、すぐに崩壊することになる。FRBや市場を「CPIショック」が襲うのは6月10日午前8時半のことだ。5月の上昇率は前年同月比で8・6%。予想を0・3ポイントも上回り、1981年12月以来の水準を更新した。住居費など動き始めたら止まりにくい分野での強さが目立った。この日、さらに衝撃だったのは米ミシガン大が発表した6月の消費者調査だった。それまで3%程度で安定していた「5年先の予想物価上昇率」が3・3%に高まった。もしも中長期的に物価が上昇し続けるという考えが定着してしまえば、個人や企業の行動そのものが変わり高インフレから抜けきるのが極めて困難になる。ダウ平均はこの金曜日に続落して880ドル安の3万1392ドルで取引を終えた。

問題はFRBが14~15日のFOMCを控えて、参加者が対外発信を控える「ブラックアウト期間[*16]」に入っていたことだ。この急変に対して、0・5%利上げの継続というFRBの考えが変わったのかどうか、市場は知る手段がない。FRBには伝える手段がない。

*15　**ハト派・タカ派**
金融緩和に積極的、あるいは金融引き締めに消極的な姿勢を「ハト派」と呼ぶ。高インフレの鎮圧よりも景気を重視する主張だ。FOMC参加者の政策に対するスタンスの違いや、発言内容の変化を示す際に使われることが多い。反対に、景気よりインフレ抑制を重視する姿勢は「タカ派」と呼ばれる。

ここで奇妙なことが起きた。土日を挟んで迎えた13日午後。前日まで０・75％の可能性が低いと見通していた米紙ウォール・ストリート・ジャーナル（ＷＳＪ）のニック・ティミラオス記者が、突然、真逆の内容の記事を掲載したのだ。「記事はＦＲＢ首脳陣からの示唆」（米ゴールドマン・サックス）と市場は大きく反応し、０・75％の利上げはその後数時間で既定路線となった。

これ以降、市場関係者は「ニック総裁」と呼び、ブラックアウト期間の記事で路線変更がないかどうか注目し続けるようになった。「直前にパウエルやその同僚がシグナルを変更するなら、いつものチャンネル『ＷＳＪ』で数日内に発信があるだろう」。これは１年後の23年６月会合を前に調査会社パンテオンが発信したリポートの一コマだ。

本人は話せば極めて気さくな人柄で、ジャクソンホール会議の際はほかの一線の記者が集まって遊んでいる時間でも参加せずツイッターの更新に精を出すマメな人でもある。記事への注目が集まるのは記者冥利につきる一方で、パウエルの「代弁者」としてみられることには複雑な心境に違いない。

いずれにせよ、０・５％の３連続利上げというシナリオはわずか１カ月で崩壊した。０・75％の大幅利上げを覚悟した13日の市場では10年債利回りが一時３・４％台と前週末から０・25ポイントほど上昇し、２０１１年４月以来、約11年ぶりの高水準になった。株安も止まらず、この日はダウ平均が一時1000ドル下げた。

「（ＷＳＪを通じた）直前の織り込みが狙った動きだったかどうかは関係なく、結果的に見ればＦＲＢは利上げが足りていないとみていた債券市場に追い詰められたのだ」。アマースト・ピアポント証券のエコノミストはこう断じた。

金融政策の先行きに何らかのコミットメント（約束）をして、実際の政策効果を生み出す手法はフォワードガイダンス[*17]と呼ばれる。政策金利がゼロに行き着いて下げ余地がなくなった日銀が、当面の間は金融緩和の修正をしないと約束して長期金利を引き下げようと狙った「時間軸政策」などが代表例だ。パウエルが5月会合後の記者会見で市場に織り込ませた0・5％の3連続利上げシナリオも広い意味でのフォワードガイダンスとされる。結果的に金利の乱高下につながったこの経験は、決め打ちがのちに混乱を招いたり、議長の発言に対する信認を低下

＊16　**ブラックアウト期間**
中央銀行の金融政策を決める会合の前に参加者が対外発信を控える期間。参加者らの発言による市場混乱などを避ける狙いがある。ＦＯＭＣは会合から2つ前の土曜日、日銀の場合は2営業日前から始まる。

＊17　**フォワードガイダンス**
中央銀行が金融政策の先行きを明示する指針。たとえば政策金利がゼロまで下がりきっても、一定の条件を満たすまで低金利を長期間維持するとガイダンスで約束すれば長期金利を押し下げる効果が得られる。カナダ中銀のように低金利の継続期間を具体的に示した例もある。

させたりするリスクを改めて認識する結果になった。

この決定にはＦＯＭＣ参加者から反対票も投じられた。カンザスシティー連銀のジョージ総裁は会合後の17日に声明を出して「大幅かつ突然の変更は、家計や企業に不安感を与える」と苦言を呈した。ＦＯＭＣの内部で意見が割れることは珍しくないが、それでも投票の際には全会一致を演出するのが一般的だ。ＦＯＭＣは通常、会合の1週間前には政策の方針を固め、対外発信の手法を入念に練るとされる。ジョージの反対はドタバタ劇を象徴する結末だった。

「ブラックアウト期間に実際の判断を変えるようなデータが出てくるのは異常だ。自分のＦＲＢでの過去10年超の経験で、このような事態は1回か2回しか見たことがない」。15日にＦＯＭＣ後に記者会見したパウエルはこう話し、今回は特別だと強調した。「0・75％の利上げは明らかに異例の大きさで、この規模の利上げが頻繁に行われるとは思っていない」。実際には、ＦＲＢはこの会合を含めて4連続で0・75％の利上げを続けることになる。

「ハリケーンはすぐそこにある」。6月1日に米大手銀行ＪＰモルガン・チェースのジェイミー・ダイモン最高経営責任者（ＣＥＯ）が投資家向け会合で放った言葉は、時代の不安を映す象徴的なフレーズになった。超低金利時代が続いた後の猛スピードの利上げは誰も経験をしたことのない未踏の領域だ。市場は今後も混乱するかもしれないし、極めて深刻な景気後退を呼び込むかもしれない。「50年後には歴史書に書かれるようなことを見ている」。ダイモンは量的引き締めによって米国債の買い手がいなくなることなど警戒しているリスク要因を並べたが、何が起こるのかは分からないとも強調した。

2　ハトが消えた

実はぶれない？ブラード

市場関係者はＦＯＭＣ参加者の発言を日々詳細に分析し、ＦＯＭＣの内部で起きている議論の風向きを知ろうとする。その際によく使われる言葉が「ハト派」「タカ派」だ。利上げ局面では、インフレがいかに根強いか警鐘を鳴らすと金融引き締めに積極的な「タカ派」に寄ったとされ、将来の景気後退のリスクを強調すれば利上げに消極的な「ハト派」になったと評される。理事や連銀総裁らＦＲＢ高官には、根っから「ハト派」な人もいれば、ハトやタカなど場面によってしょっちゅう評価が入れ替わる人もいる。後者の代表例がセントルイス連銀のブラード総裁だ。

ブラードへの単独インタビューは7月13日の朝だった。メイン・インタビュアーはアポイントを入れた先輩記者で、私は20カ国・地域（G20）財務相・中央銀行総裁会議で訪れていたインドネシアのバリ島からオンラインで参加した。インタビューが始まる直前に公表された6月のCPIは前年同月比の上昇率が9・1%。市場予想も上回る、このインフレ局面でもっとも高い約40年半ぶりの伸びを記録した。2日後にブラックアウト期間を控え、もっともタカ派とされるブラードの見解は重要だった。

「きょうの時点で私は（次回の）7月会合で0・75%の利上げを提唱する。2回連続でこれほど大きな利上げに動くのは前例がないだろう」。ブラードは市場の一部で浮上していた「1%利上げ説」を落ち着いた口調で否定しつつ、はっきりと次回の利上げ幅を明言した。インタビューの時間にはまだCPIの中身まで精査できていないのは明確だったが、市場に対して明瞭なメッセージを発した。

インタビューのなかで強調したのは利上げの戦略的な「前倒し」が必要だという点だ。実はこれこそが、ブラードが時代によってタカにもハトにもなる理由だ。ブラードは経済学者のテイラーが提唱した「テイラー・ルール」[*18]を独自にアレンジし、たびたび講演で紹介している。インフレ率やGDPギャップなどマクロ指標から自動的に適正な政策金利の水準を導き出す考え方だ。ブラードのなかでは望ましい政策金利の水準が明確で、そこに早く行き着くことが重要だと考えている。利上げ局面ではより早く動くよう主張するため「タカ派」となり、たとえばコロナ禍前の19年半ばには経済の減速懸念を背景に「ハト派」の先陣を切って真っ先に利下げを主張した。タカ・ハトの呼び方は市場やFRB内部の議論と比べた相対的なものであり、より早い動きを求めるブラードはその時々で先頭を走るためぶれてみえるのかもしれない。

カシュカリの政治感覚

もう1人、ハトとタカで評価が両極端に振れた高官が、ミネアポリス連銀のニール・カシュカリ総裁だ。大混乱のうちに0・75%の利上げを決めた6月会合。大幅利上げに反対票を投じたカンザスシティー連銀のジョージ総裁が理由を説明する声明を出したのは2日後の17日だったが、実は同じ日にカシュカリがウェブサイトにエッセーを掲載するという形でメッセージを出していた。7月にも0・75%の利上げを実施し、9月には0・5%に抑えるという案だ。8月10日に参加したイベントではFOMCの経済見通しで示した自らの政策金利予想を明らかにし、参加者のなかでもっとも「タカ派」であることを明らかにした。

このカシュカリも少し前までは「ハト派」だった。米ブルームバーグはエッセーの内容を伝える記事の中で「16年に連銀総裁に就いて以降、米金融政策当局者のうちもっともハト派的とされてきた同氏にとって180度の転換だ」と指摘した。21年にはインフレは一時的であるという論陣を張った急先鋒でもある。

カシュカリの転身ぶりは異例の経歴をみると少し理解できる。

際立ったエピソードは彼の「ホームレス体験」だ。２０１４年のカリフォルニア州知事選。共和党から出馬したカシュカリは、貧困問題に関心を向けるためとして路上で生活する姿を１週間、フェイスブックに投稿し続けたことがある。もともとは航空宇宙分野のエンジニアで、金融大手ゴールドマン・サックスを経て30代で財務次官補に抜擢された。リーマン危機後の公的資金注入で荒れる米連邦議会を内部から見ていたことが政治に関心を寄せる原点だったとのちに講演で語っている。世の中の急変動に対して、これまでの主張をガラッと変えてでも柔軟に対応できるところが彼の真骨頂でもあり、またあえて多様性を重視して幹部を登用しているＦＲＢの強さでもある。

＊18　**テイラー・ルール**

経済学者のジョン・テイラー氏が考案した、経済指標をもとに適正な政策金利を求める考え方。実際のインフレ率の目標との差や、国内総生産（ＧＤＰ）の長期的な実力（潜在成長力）との差を示す需給ギャップの大きさなどから、経済を安定させるのに必要な政策金利の水準を導く。その後、さまざまな研究者によって多種多様なテイラー・ルールが考案されている。

デイリーの「転向」

前者の2人と異なって、生粋のハト派がサンフランシスコ連銀のメアリー・デイリー総裁だが、そのデイリーすら急ピッチの利上げに賛同を続けた。同じくハト派とされてきたブレイナード副議長も、人事指名の際にはすでにタカ派への「転向」を明確にしており、FOMC内にはハト派が一人もいない状態になった。

しかしデイリーの発言を追うと、隠しきれないハト派の執念が感じられて興味深い。9月にアイダホ州のボイシ州立大学で講演した際は、彼女の生い立ちから話が始まった。ミズーリ州の勤労者世帯で育った1970年代。「必要なモノを買えなくなった」という大インフレと、FRBによる強烈な金融引き締めの結果として訪れた2度の景気後退が原点だという。

彼女はこの講演で景気後退がいかに人々の生活に打撃を与えるか熱弁を振るった。不況時に社会人になった人は10年近くたっても賃金が安くなる傾向にあると図表を付けて説明。特に高校教育を受けていない人や有色人種に打撃が大きいことを強調した。

講演を伝える記事の見出しは持続的な成長を実現するには利上げの継続しかないというタカ派の内容だ。現地でも報道はその見出しに関連するカギカッコを抜き出して伝えた。市場は生粋の「ハト派」が金融引き締めに賛成しているという一点を確認して安心した。だがその中身は実は深い景気後退だけは避けなければならないという、ハト派の信念を示していた。

桁違いの発信力

23年7月に退任を発表したブラード総裁は22年の1年間で、講演やイベント出演を36件こなし、メディアのインタビューを24件受けた。年8回のＦＯＭＣ前には2週間程度のブラックアウト期間があるなかで、月平均で5回は何らかの発信をしていることになる。カシュカリ総裁は金融業界でのネットワークを生かし、金融大手トップとのパネルディスカッションなどで自由な発言をしている。デイリー総裁は大学生などのイベントにもよく顔を出しており、金融政策を一から丁寧に説明する場面を多くみかける。

ＦＲＢ本部でも、たとえばリサ・クック理事は黒人女性のキャリア形成について自身の経験を広く伝えることに熱心だ。ＦＲＢ高官のＯＢも副議長クラスが米ＣＮＢＣなどのテレビや新聞のインタビューに頻繁に登場している。いずれも等身大で「顔」が見えるコミュニケーションが、闊達な議論を呼び込んでいる。

連銀と日銀では組織の仕組みがまったく違うため、単純に比較はできない。ただ日銀を取材していたころ、審議委員の対外発信があまりに限定されている点は気になっていた。分かりやすい説明が魅力の著名エコノミストでも、審議委員になれば講演は半年に1度しかないという日本の現状は米国から眺めると少し寂しく感じてしまう。

3　倍速の量的引き締め

許されなかったサプライズ

ＦＲＢが保有資産を圧縮する量的引き締め（ＱＴ）を開始したのは22年6月のことだ。予定外の大幅引き上げに発展した政策金利と異なり、バランスシートの縮小は入念な準備のもとに進められた。先述したように２０１３年5月、バーナンキ議長（当時）は量的緩和を縮小すると発言しただけで市場の大混乱を招いてしまった。パウエルは事前の予告に時間をかけ、ＦＯＭＣ会合の議事要旨で枠組みの詳細を説明するなど少しでもサプライズが生じないよう細心の注意を払った。

量的引き締めがなぜ難しい政策なのか。そもそも分かりにくい中銀のバランスシート政策について過去の経緯から振り返ってみたい。

ストーリーは08年の金融危機から始まる。米金融大手リーマン・ブラザーズが破綻した08年9月から12月にかけて、FRBは政策金利を2％からゼロに引き下げた。同時にバーナンキ議長が打ち出したのが量的緩和（Quantitative Easing）だった。08年11月〜10年6月の期間に実施された政策を「QE1」と呼び、10年11月〜11年6月を「QE2」、12年9月〜14年10月を「QE3」と呼ぶ。

ひとことで量的緩和といっても、その狙いはさまざまだ。米国債や住宅ローン担保証券（MBS）を中銀が買い取れば金利を引き下げ、市中に資金を供給することができる。景気を刺激する効果のほか、危機時に取引量の低下を防ぐ緊急措置にもなる。QEやQTはメディアやエコノミストが便宜的に使う言葉であり、あえてこれらの言葉を使わない当局者も多い。

戦前から1兆ドル未満で推移していたFRBの資金供給量（マネタリーベース）はこの3度のQEによって一気に4兆ドルを突破した。FRBのバランスシートをみると負債サイドには、発行した通貨のほか、銀行などがFRBに預けた準備預金などが計上されている。その裏付けとなる資産サイドには、米国債やMBSがある。国債を債券市場でたくさん買えば、FRBはその代金を銀行などが持つ準備預金に払い込むことになり、市中に出回る通貨供給量が増えることになる。

ただこの政策には難点がある。それは一度拡大したバランスシートを縮小するのが難しいという点だ。債券を取引する市場参加者からみれば、中銀という巨大な買い手がいなくなる影響は大きい。買い手が減って債券価格が急に下落すれば金利が急上昇し、市場参加者がさらに取引を手控える悪循環に陥りかねない。

正常化への道はまず資産の増加ペースを徐々に減速する「テーパリング」から始まる。量が増えなくなれば、量的緩和はひとまず終了したことになる。ただバランスシートが拡大した状態のままである限り、金融緩和の効果は続いている。緩和効果の大きさは購入というフローの金額よりも、抱えている残高（ストック）に関連するという研究が多い。そこで中銀が次に実施するのが、保有する資産の額を減らす「量的引き締め」だ。中銀が保有している国債は順次償還を迎える。保有額を一定に保つにはその際に同じ額の国債を買い換える。これを止めれば、保有資産の総額は償還を迎えた分だけ減っていくことになる。

中銀が国債を市場で売却すれば、債券市場の需給が一気に悪化する。償還を迎えた際の再投資の金額を減らす手法なら、市場への打撃を抑えることができる。国債を購入する時の勢いと比べて、残高を減らすペースは極めて緩慢にならざるを得ない。

ＦＲＢが前回テーパリングを始めたのは14年1月。テーパリングが終わり、10月に量的緩和を終了した時点での総資産は４・５兆ドルで、リーマン危機前の１兆ドルから大幅に拡大していた。量的引き締めを開始できたのは17年10月になってからで、19年7月には10年半ぶりの利下げとともに停止してしまった。トランプ政権で米中の貿易戦争が悪化し、景気の悪化が懸念されていた。トランプ前大統領はFRBに金融緩和をするよう圧力をかけ、パウエルを「能なし」と口汚く罵り続けていた。米国は09年6月から20年2月まで128カ月に及ぶ戦後最長の景気回復を実現したにもかかわらず、量的緩和の手じまいはほとんど実現しなかった。この時点での総資産は3・8兆ドルだった。

困難だったコロナ緩和からの転換

2020年3月15日。予定外のFOMCは日曜日に開かれた。世界保健機関（WHO）が未知のウイルスによる「パンデミック」を認定し、世界中の大都市のロックダウン（都市封鎖）が始まる騒然とした状況だった。FRBは3日に続く連続の緊急利下げでゼロ金利政策を復活させ、コマーシャルペーパー（CP）購入など企業向けのありとあらゆる資金繰り支援を復活させるとともに、今後数カ月で米国債を少なくとも5000億ドル、MBSを2000億ドル購入する「量的緩和」の復活を打ち出す。

この時の電話会見でパウエルはこの資産拡大をどう呼ぶのか明言しなかった。「このコールに参加している記者全員がエディター（記者の原稿をみる編集者、日本ではデスク）に『これは量的緩和なのか』って聞かれるのは明らかなのですが……」。記者が戸惑いを見せると、パウエルはこう返している。「ラベル（名称）が何になるのか、私は興味がない。なんのために行うのか。それは市場機能の向上だ」「家計や企業への信用供与を支援して経済を支える。それは米国債とＭＢＳの市場機能をサポートすることで実現する」

その後買い入れは無制限となり、ＦＲＢの総資産は２月の４・２兆ドルから５月には７兆ドルとなっていったん膨張のペースが落ち着いた。少なくとも数カ月、市場機能が崩壊するのを防ぐというのが当初の発言だったがＦＲＢは量の拡大を継続した。

９月の記者会見ではすでに「いつ量的緩和を縮小するのか」との質問が出た。パウエルは「米国債で月８００億ドル、ＭＢＳで４００億ドルの購入は早期に金融市場を安定させ、家計や企業に信用を供与するのに役立ってきた。今後についてはこのプログラムを調整するさまざまな手法があり、進展をみて適切に計画を調整する用意がある」と明確な回答を避けている。

この会見ではＦＲＢのバランスシート拡大が資産価格のインフレにつながり、バブルを引き起こす懸念についても追及がなされた。「それは10年以上前に最初に量的緩和を始めた時からの問いであり、新しい問題ではない。我々は慎重に金融情勢を注視している」。パウエルの返答は質問者の懸念に対して正面から応えるものではなかった。

ＦＲＢは12月、これまで「今後数カ月」と曖昧にしてきた量的緩和の期間を「完全雇用と物価安定に近づくまで継続する」と表明した。この月、米国では製薬大手ファイザーなどが製造したコロナワクチンの接種が始まったばかりで経済の先行きは見通せていなかった。ＦＲＢの総資産は９兆ドルに近づくが、これは世界３位の日本と４位のドイツのＧＤＰを合計したほどの規模である。

ＱＴ開始、２重の引き締め

ＦＲＢが長い周知期間を経てようやくテーパリングの開始を決めたのは量的緩和の再開から１年７カ月たった21年11月のＦＯＭＣ会合だった。パウエルの議長再任指名の直前であり、声明文にインフレを「一時的」とする表現を残していた最後の会合でもある。

当初は米国債を月１００億ドル、ＭＢＳを50億ドルずつ減らし、22年半ばまでに終える計画だった。このペースはわずか１カ月後の12月会合で２倍に加速され、22年３月の終了見通しになった。「インフレ圧力が高まり、労働市場が急速に力強くなり、経済はこれ以上の政策支援を必要としていない」「テーパリングは緩和の追加をやめること。利上げは緩和的な状況から緩和を取り除き始めること。資産購入を続けながら利上げに踏み切るのは適切ではない」。パウエルの発言からは加速するインフレへの焦りが色濃くなっており、ＱＴに向けた議論も21年12月から同時進行で進められた。

図08　FRBの資産は急拡大してきた

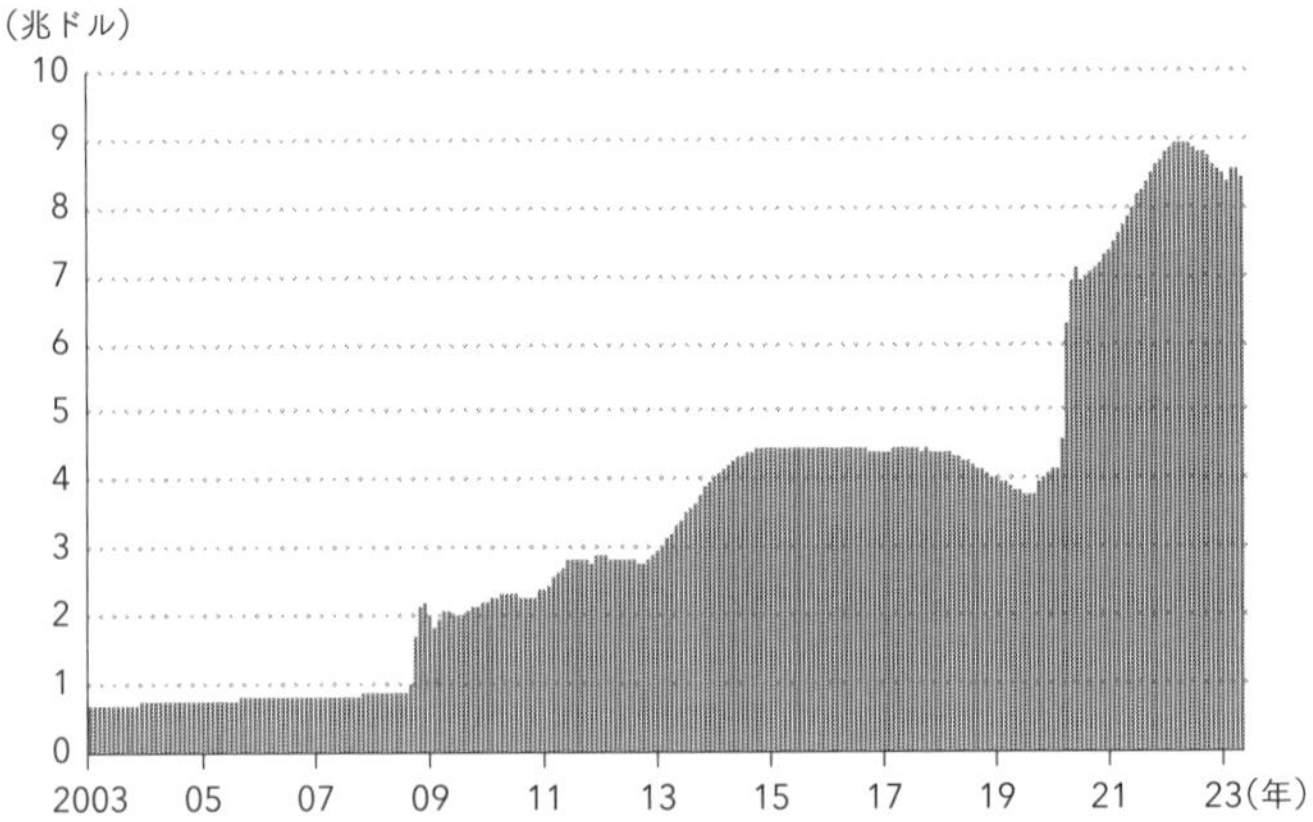

出所）FRB

ＦＲＢは０・５％の利上げを決めた22年５月会合でＱＴを６月１日から開始すると決定した。国債は月６００億ドル、ＭＢＳは３５０億ドルが上限で、最初の３カ月間はそれぞれ半分の規模で始めるという織り込み済みの内容だった。資産圧縮の幅は17～19年のほぼ倍となる。議論の過程ではＦＯＭＣの参加者から上限をもっと引き上げたり、撤廃したりした方が良いのではないかと積極的な引き締めを求める声が出ていた。

　それぞれ償還を迎えた証券を再投資しない手法で保有額を圧縮するため、償還までの期間が長いＭＢＳの量がなかなか減らない可能性があった。ＦＲＢはＭＢＳの市場売却も検討すると明らかにした。サプライズを起こさない範囲ではあったが、FRBの積極姿勢は市場関係者にも強く印象づけられて長期金利を押し上げる要因となった。パウエルは5月の記者会見でQTの金融引き締め効果について明確な試算はないものの、年間で0・25%分の利上げに相当するとの予測があると紹介した。急ピッチの利上げと合わせた「2重の引き締め」が、しかも過去に例のないスピードで始まった。

4　加速するグローバルＱＴ

欧州・カナダ中銀も導入

今回特徴的だったのは過去に例のない「グローバルＱＴ」となった点だ。ＦＲＢの前には英国やカナダなどが始めていた。ＦＲＢと欧州中央銀行（ＥＣＢ）、日銀、英イングランド銀行（ＢＯＥ）の４中銀はコロナ禍前の20年２月から22年４月までに総資産を計10兆ドル増やして25兆ドルとした。世界銀行によると、世界の通貨供給量は２０００年以降、ＧＤＰの１倍程度だったが、コロナで１・４倍に膨らんだ。ＦＲＢがＱＴを決めた時点でこの巻き戻しが年２兆ドル規模で進むことになった。

ＢＯＥは22年11月から、まだ償還を迎えていない国債を市場で売却する大胆な資産縮小に動いた。保有額の１割にあたる８００億ポンドを23年９月までに削減する。ＥＣＢも22年７月に量的緩和政策による新規の国債購入を終了し、さらに23年３月から償還を迎えた国債の再投資を停止する形でＱＴを開始した。

影響をもっとも受けるのは、これまで余った資金が流れ込んでいたリスク資産だ。マネーの量が減り、さらに市場の混乱も予想されるなか、格付けの低いハイイールド債券や新興国への投資が資金の引き揚げの対象となる。22年のハイイールド債の起債は前年から8割も減った。

ウォール街からの反発

海外の活発な議論とは裏腹にＱＴについてＦＲＢ側からの発信は驚くほど少なかった。債券市場の需給に直接影響するＱＴは思惑だけで市場混乱を招く。極力静かに、巡航速度のまま進めたいＦＲＢ側の意向は明確だった。

ただＱＴを「見直すのではないか」、あるいは「見直してほしい」という声はウォール街から断続的に出ていた。買い手だったＦＲＢの退出により米国債の取引が薄くなれば、値動きは荒くなる。相場の先行きの変動リスクを示すＭＯＶＥ指数は21年末の77から22年10月には１５６と倍に跳ね上がった。この指数は債券版の「恐怖指数」と呼ばれる。

利上げが進んだ22年後半からは短期金融市場での資金逼迫も深刻になった。利回りが改善したＭＭＦ（マネー・マーケット・ファンド）という金融商品に個人などの資金が集中し、銀行がＦＲＢに預ける準備預金の金額が減少した。しかもＭＭＦが流れ込んだ資金をＦＲＢの「リバースレポ」と呼ばれる枠組みで運用したため、金融機関同士で資金をやりとりする短期市場での取引が細り、金利の変動が荒くなるリスクが高まった。そんなさなかに金融市場から資金を吸い上げるQTを淡々と続けるFRBに対して不満は根強かった。

「FRBの金融政策には影響を出させない」。22年後半、米財務省の高官と単独で話す機会があった際、強い口調でこう話していたのが印象的だった。QTは物価の安定を使命とするFRBの手段であり、その結果生まれる債券市場での需給悪化への対処は政府の仕事という優先度合いを明確に付けている印象だった。もともと中央銀行による国債の購入は、政府の財政規律を緩めてしまう微妙な問題をはらむ。政府がいくら財政拡張で国債発行を増やしても中銀が購入を増やせば金利は上昇しないためだ。金利上昇リスクは政府の財政悪化を戒める最後の関門であり、量的緩和はそれを無効化しかねない。高官の話しぶりには、国債管理政策は財務省の領域だと線引きを明確にする意志を感じた。

財務省は11月、米国債を市場から買い戻す措置について議論をしていると公表した。発行してから時間のたった国債などは取引が細りやすく、それが長期金利のボラティリティー（変動率）を高めるリスクがあった。市場参加者からの要望を受け、財務省は国債の入札に関わるプライマリーディーラーと呼ばれる資格を持つ金融機関に対して意見聴取を始めていた。米国債の取引状況について透明性を高める措置も合わせて検討した。

もっとも財務省が国債の買い戻しを公表したのはその半年後の23年5月だった。開始は24年からで、規模は小さく、短期的な市場の急変動を抑える効果は限定的と自ら認めている。一連の出来事は、量的緩和の後始末がいかに手間と時間がかかるものかを改めて印象づけるものだった。

もう元には戻らない

ＦＲＢはＱＴを３年程度続ける見通しで、それは総資産を３兆ドル程度圧縮するとの試算が多い。ニューヨーク連銀は22年5月、25年半ばまでの圧縮額が２・５兆ドルになると公表した。その通りに進んだとしても、９兆ドルまで膨らんだＦＲＢの総資産は６兆ドル程度にとどまる。コロナ禍前の水準を大幅に上回ったままだ。多くのエコノミストが23〜24年に景気後退を予測するなか、ＱＴが途中で打ち切られる可能性も小さくない。次の緩和局面では再び巨額の量的緩和が打ち出される可能性もある。

国債は政府の借金と呼ばれるが、個人の住宅ローンなどと違って残高をゼロにすることを想定していない。各国の政府は債務を抱えている状態のまま安定した税財政政策を実施することができる。問題なのはＧＤＰ比でみた債務残高の膨張に歯止めがかからなくなることだ。中銀

ノーベル経済学賞を受賞し、式典に出たバーナンキ元FRB議長、米ワシントン、22年10月

関係者の認識でも、中銀の総資産を元の水準に戻すことが「正常化」という訳ではない。だが量的緩和の手じまいにかける時間が景気の循環に照らして長すぎる場合、結果的に急速な膨張が止まらなくなれば「正常」とはいえなくなる。

22年10月。ＦＲＢの資産拡大を始めたバーナンキ元議長がノーベル経済学賞を受賞し、ワシントンのブルッキングス研究所で記者会見が行われた。登壇を待つ間、隣の席で同氏の後ろ髪をなで付けて整える妻のアンナさんの献身的な姿が印象的だった。

受賞理由は金融システムと景気循環の関連性を解き明かした過去の研究を評価したものだが、話題はＦＲＢ議長時代の政策に及んだ。２００８年のリーマン危機は、まさに論文で指摘した通りの金融システム不安だった。「ＦＲＢの同僚たちと、できることはすべてやろうと強く決心していた」と振り返った。

バーナンキへの主な批判は米国で膨らんでいた住宅バブルとその崩壊を防ぐことができなかったというもの。危機対応の結果、生み出された過剰流動性が世界中で債務の膨張と新たなバブルの芽を生んだとすれば、その負の連鎖を止める手段はあるのだろうか。元インド準備銀行（中銀）総裁のラジャン・シカゴ大教授は22年、市場に痛みを与えたくないというＦＲＢの願望がフリーランチ（ただ飯）経済を生んだと批判した。

バーナンキは会見でリーマン危機後に導入された金融規制の強化を高く評価し、今後はさらにその枠外にあるノンバンクの動向を注視するよう呼びかけた。この会見は、晴れやかな受賞の場。次第に質問は若い人たちへのメッセージなど柔らかいテーマに移っていった。

Column 3

メディアの舞台裏

ＦＲＢの議長会見はライブだ。会見の途中から通信社による議長発言のヘッドラインが飛び交い、市場が反応していく。パウエルは今、何を問題だと捉えているのか。そしてそれは次回以降の金融政策の決定にどういう影響を及ぼすのか。ライブストリームを通じて、世界中の人がその表情の変化まで読み取ろうと目をこらしている。

　会見をみる時間のない人に要点を整理して伝えるのがこの場合の記者の役割になるが、国内外を問わず、記者の悩みはいつも見出しだ。取り上げるべき発言は数多く、重要なトピックが複数にまたがる場合でも、見出しは1つしかない。そしてそれはシンプルであることを求められる。

　日本と比べると、ＦＲＢの発信はあらかじめ見出しを想定したものが多い印象だ。ＦＯＭＣ前の1週間でどう対外発信するかを詳細に協議しているとされるし、その3週間後に公表される議事要旨についても周到な計算を感じる。手渡された資料を限られた時間で読み込んで速報する際、決め手となる部分が妙に分かりやすい英語になっており、まるで誘導されているような錯覚に襲われるときもあった。

　たとえば22年5月の議事要旨は「ほとんどの参加者が今後2回の会合でも0・5％の利上げが適切と判断した」と先行きへの強い指針を示した。その前のパウエル会見で示唆された3連続で0・5％の利上げを続ける考えが、ＦＯＭＣ全体で一致したことが示された。すべてのメディアがこのカギカッコを中心に報じたが、この時は市場で広まっていた0・75％の利上げ観測を牽制する狙いがあったとみられている。

「some は several より多い」。２０２３年7月、ＦＲＢから記者団に珍しいこんな案内があった。議事要旨で注目されるのがＦＯＭＣ参加者の数を示す表現だ。たとえば「少しの（a few）参加者が～」という文章であれば、これは投票権を持たない参加者も含めた18人のうち2人か3人のことを示す。あとは、何人か（some／several）、多くの（many）、ほとんどの（most／majority）、ほぼすべての（almost all）、すべての（all）と続く。

5月に開かれたFOMCの議事要旨では some が次回の会合で追加の利上げを、several が利上げのいったん停止を主張した。実は some の方が多いという見解はすでに5年前に出されていたのだが、どちらが多いのか報道は交錯した。異例のアナウンスにいつもは用意周到なFRBの慌てぶりがにじんでいた。

FRB本部の幹部と比べると、全米に12ある地区連銀の総裁は記者にとっても比較的接触のチャンスが多い。多種多様な発信のなかでは、やはりヘッドラインを意識したうまさを感じる。たとえば講演では、強弱が入り乱れる経済動向についての分析や問題意識を話した後、最後に次回の政策決定について見出しになる踏み込んだひとことを入れるケースがある。

それは意図しない部分で見出しを切りとられることを防ぐ狙いなのかもしれないし、自分が考えていることをより広く知ってもらうにはまずメディアへの露出が大事だという割り切りなのかもしれない。見出しができれば大きな記事になり、講演の内容も深く紹介される可能性が高まるからだ。いずれにせよ情報発信の量がとても多い。仮に誤解を招く報道があったとしてもそれをすぐに修正できる環境が、健全なメディアとの距離感につながっているようだ。

米連邦議会の人目に付きにくい連絡通路で議員が出てくるのを待ち伏せする現地記者の姿などをみると、記者の仕事はどこも似たり寄ったりだと感じる。日本との大きな違いは新聞を書いている記者も頻繁にテレビに出ていることだ。転職が多いことも関係しているのか、顔と名前を売ることが日本よりもはるかに重視されている。それが結果として記者会見の質を高めることにつながっている面もあるようだ。

日本では経済や政治、事件など担当する分野によって記者のキャラクターが異なる印象が強い。米国ではどうか、ある飲み会で現地の記者に聞いたことがあった。スクープ狙いの記者、ビッグ・インタビューにこだわる記者、カバー範囲をできる限り正確に伝えることに執念を燃やす実直な記者。さまざまなタイプがいるのは日本と変わらない。だが確かに担当によって記者のキャラクターは異なるという。

ＦＲＢや米財務省をカバーする記者は専門性が高く、真面目なベテランが多い。そして「ホワイトハウス担当は明らかに上昇志向が強い」と、その記者は眉間にしわを寄せながら教えてくれた。

第四章 牽制

1　ミニ・ボルカー宣言

ジャクソンホール講演の「決意」

「我々は仕事をやり遂げる（We will keep at it until the job is done.）」

この何の変哲もない、単なる意気込みにも聞こえるフレーズが、世界の株価の急落を招いた。

２０２２年８月26日朝。米西部ワイオミング州の山荘で３年ぶりに対面で開かれた経済シンポジウム「ジャクソンホール会議」。パウエルはたった８分49秒の講演で、ＦＲＢの意志の強さを疑う市場を牽制した。

市場はこれまでＦＲＢの利上げを先んじて織り込み、ある意味でＦＲＢにより強い金融引き締めを催促してきた。７月のＦＯＭＣ以降、これが１８０度反転する。市場は利上げの減速や利下げへの早期転換を我先にと予想し、株価にも反映するようになっていた。景気が傾けばＦＲＢは急ピッチの利上げ路線を転換して助けてくれるはず。パウエル講演から始まった利上げ局面の第2幕は、こうした市場の「甘え」との闘いになった。

パウエルがモデルとした人物。それが断固とした意志で70年代の大インフレを終わらせたボルカー元FRB議長だ。講演の決めぜりふ「Keeping at it」は「ボルカー回顧録」の原題である。パウエルはかつて学生に推薦図書を聞かれ、この名前を挙げた。

ジャクソンホールという舞台はうってつけだった。もともと主催するカンザスシティー連銀が1980年代に会場をこの山荘を移したのは、釣り好きだった当時のボルカー議長にフライフィッシングを楽しんでもらうためだったとされる。

山荘はジャクソンホール空港から車で40分。店舗もまばらな空港には大きなカウンターがあり、熊よけのスプレーをレンタルしていた。ヘラジカなど大型の野生動物が多く、レンタカーを借りる際にはスピードを出しすぎないよう注意を受けたほどだ。空港から世界遺産で有名なイエローストーン国立公園に向かう途中に雄大なティトン連山があり、その麓に山荘がある。

山荘に着いて驚いたのは、中銀首脳・高官らが警備も付けずに行き来する、あまりにも自由な雰囲気だ。ロビーには報道記者のほか、FRBに抗議する環境団体のメンバーもいる。その横で連銀の総裁らが談笑しながらワイングラスを傾けている。かつてインド中銀総裁としてFRBの金融政策を厳しく批判していたラジャン・シカゴ大教授や国際決済銀行（BIS）の

ジャクソンホールの山荘で談笑するパウエル議長、米ワイオミング州、22年8月

カルステンス総支配人、マルパス世銀総裁（当時）など名だたる識者や国際機関の首脳らをロビーやテラスで多くみかけた。

　もっとも、ＦＲＢ担当が長い米メディアの記者によると、中銀首脳が軽装でラウンジに現れても記者が複数で質問する「囲み取材」はしないのが暗黙のルールという。世界の中銀関係者が集まり、気軽に意見交換をできる雰囲気を壊さない配慮が求められていた。

　25日午後、ラウンジに夫婦で現れたパウエルは短パンにトレッキングシューズ姿だった。サングラスを手に、暖炉のそばで居合わせたクック理事としばらく話し込んだ。講演の前日だが気負いは見られない。みかけた知人に声をかけながらゆっくりとラウンジを一周し、あいさつをした同僚と私の名刺を受け取って去って行った。

株価急落の影に「ピボット」期待

「短くてうれし涙が出るよ」。26日朝、山荘のラウンジでパウエル講演の草稿を受け取り、速報を出稿し終えた米メディアのベテラン記者はそう言って私に笑顔を見せた。インフレが「一時的」である論拠を5項目にわたって並べ立てた1年前の講演と比べると、分量は半分の6ページ。しかもメッセージは極めてシンプルだった。「物価の安定を回復するには引き締め的な政策をしばらく維持する必要がある」というものだ。

9月に開くFOMCで0・75％の利上げを継続するか、0・5％に幅を圧縮するかが市場の関心事だったが、そこについては具体的な言及を避けていた。講演は明らかにタカ派的ではあったが、実はこれまでも使ってきた表現ばかりで踏み込んだ表現に乏しい。金融引き締めが家計や企業の負担になることにあえて言及したことが、景気後退のリスクを覚悟してでも利上げを続ける意志の強さを示していた。「ちょっと見出しを付けにくいな」。草稿を読んだ瞬間は内容が薄いと感じたほどだ。

それでも市場は大きく反応した。26日のダウ工業株30種平均は前日比1000ドル下げた。金利先物市場では次回会合で0・75％の利上げを継続する予想が5割から6割に上昇。政策金利の変動予想を反映する2年債利回りも一時3・45%まで上昇した。フランクフルト株式市場ではドイツ株価指数（DAX）が2%以上下げ、週明け29日に開いた東京株式市場では日経平均株価が7762円安の2万7878円となった。

急落劇の背景にあったのはFRBの方向転換を期待しすぎていた市場と現実とのズレだった。市場では回転する軸を意味する「ピボット（pivot）」が流行語[*19]になっていた。7月27日に開いたFOMC後の記者会見でパウエルが「政策金利が中立金利の水準に近づいている」と発言したことなどを受け、金融引き締めは予想以上に弱くなり、早期に利下げに転換すると市場はタカをくくっていた。ところがパウエルの短い講演には市場が期待した「ハト派」発言が一切なく、それが失望を招いた。

実はこの7月会合以降、急に強まった市場の楽観論には多くの人が違和感を抱いていた。興味深かったのは著名エコノミストの多くが「市場は楽観的すぎる」と警鐘を鳴らしていた点だ。パウエルは7月会合で「米国人に物価の安定を供給する我々の責務は比類ないものであり、無条件で優先されるべきものだ」と力強く語っている。今読み返しても、当時の市場が反応したほど「ハト派」な発言は少ない。それなのに、米2年債利回りは会合前の3・2%から2・8%に低下し、株価は上昇した。

たとえば新聞記事のなかで「市場関係者」と表現するとき、実はそこには2つの意味が含まれている。1つは金融機関などに所属するエコノミストやストラテジストだ。FRBを長年、細かくフォローして、その変化をリポートにまとめて配信するスペシャリストたちであり、その分析は金融機関トップらの発信にも反映される。もう1つは株式や債券の価格動向だ。その背後には機関投資家から個人まで実際に資金を投じた多くの投資家の取引がある。普段は一致することの多いこの2つの「市場関係者」の見立てが、ジャクソンホール会議前は大きく分かれていた。

市場は常に先を読んで動く。22年夏までの利上げ加速局面は「どこまでハイペースの利上げになるか」がテーマだった。それが22年後半からは0・75%の利上げ幅をどう圧縮するかが焦点になり、先々の減速を先読みした動きが目立つようになった。インフレ率が鈍化し、金融引き締めの手綱が緩めば株価にはプラスだ。そうした局面に入って以降、後者の市場関係者、特に株価がエコノミストらの警鐘を聞かずに楽観的に反応する場面が増えてきた。

＊19　**中立金利**　経済を冷やしも熱しもしない水準の金利。物価水準を差し引いた実質金利が中立金利を上回ると、物価には下押し圧力が働く。逆に中立金利を下回ると物価を押し上げる緩和圧力が経済に加わることになる。自然利子率、実質均衡金利とも呼ばれる。

「市場の反応を見て、私はうれしかった」。ジャクソンホール講演の後、週明けの29日に米ブルームバーグのインタビューに答えたミネアポリスのカシュカリ総裁はこんな物言いをした。株価の急落をここまでストレートに歓迎する発言は珍しい。「人々はインフレ率を２％に戻すという我々のコミットメントの真剣さを理解してくれた」。カシュカリは7月のＦＯＭＣの後、株価の上昇に対して「市場の解釈には驚いた」と警戒心をむき出しにしていた。

ゴールドマン・サックス出身のカシュカリはあるイベントで常に楽観的に傾く株式市場の習性を「構造的、制度的なもの」と言い切ったことがある。株式市場は、金融機関が顧客に株を「買ってもらう」ことで成り立っている。強い経済指標が出れば「米経済は好調だ」と株高を予想し、弱い経済指標が出ても「これでＦＲＢは引き締め姿勢を緩める」と株高を予想する。株価が大きく反応すれば、メディアも含めてそれを「間違えている」と言い切ることは困難だ。カシュカリの「うれしい」発言は、そのもどかしさを一気に吐き出したような表現だった。

「ボルカー」に込められた意味

ジャクソンホール講演は、これまで以上に「ボルカー」の存在を意識した内容だった。この伏線は、実は5月2日の米議会にもあった。半期に一度の「金融政策報告書（通称ハンフリー・ホーキンス報告書[*20]）」をもとに下院の金融サービス委員会で開かれたパウエルの議会証言。

ボルカー元FRB議長は強い金融引き締めで1970年代からの大インフレを終わらせた
（ロイター/アフロ）

ブッシュ（父）政権の財務省でパウエルと同僚だった共和党のフレンチ・ヒル議員はここで、パウエルに一つの講演録を提供した。講演者は70～78年にＦＲＢ議長を務めたアーサー・バーンズ。題名は「中央銀行の苦悩」だ。

　バーンズは70年代の大インフレを止められなかった議長として記憶されている。この講演は議長退任後の79年9月30日、旧ユーゴスラビア（現セルビア）の首都ベオグラードで行われた。失業者が増えることに対する政府の懸念、そして拡張的になった財政政策など、ＦＲＢだけでは高インフレを抑えられなかったという内容だ。ヒルは、ＦＲＢに与えられた「2つの使命」を批判する論者で、使命から「雇用の最大化」を取り除き、日銀やＥＣＢと同様に物価の安定のみに注力すべきという持論を持つ。バーンズの失敗から学ぶべきだというのが彼の趣旨だった。

この質疑では触れられなかったが、このベオグラードの講演会場には8月に議長に就任したばかりのボルカーがいた。この講演からわずか1週間後の10月6日、彼は土曜日のＦＯＭＣで、金融政策の枠組みをがらりと変更し、インフレへの総力戦を仕掛ける。通称「サタデー・ナイト・スペシャル」と呼ばれる歴史の一ページだ。

ボルカーは回顧録で、8月に議長就任時の時点でＦＲＢの調査スタッフが「景気後退はすぐにも始まる」と予測していたことを明らかにしている。9月18日のＦＯＭＣでは公定歩合の引き上げで票が4対3と分かれた。これを見た市場はＦＲＢが追加利上げに尻込みするだろうと踏んだ。「ＦＲＢは信認を失いつつある」。こう感じたボルカーは水面下で信頼するＦＲＢ幹部2人に金融政策の軸足を金利から通貨供給量に移した新たな枠組みを検討するよう指示して欧州に旅立つ。バーンズ講演はその欧州出張の最後のイベントだった。

電撃的な金融引き締めを打ち出した後、株価は急落し、景気は悪化することになる。ワシントンのＦＲＢ本部ビルは農場主のトラクターに囲まれたり、廃業を迫られた住宅建設業者から建材を送りつけられたりした。米経済は80年1月から6カ月間、81年7月から16カ月間の景気後退を経験する。それでも強い意志で高インフレを封じ込めたボルカーは今も高く評価されている。

パウエルのジャクソンホール講演は高インフレの定着を許した70年代を批判し、その回避に全力をあげると具体的に言及した「宣言」だ。景気後退を恐れてインフレ鎮圧の手を緩めることはない。そして、物価の安定はFRBの責務であり、ほかの要因を言い訳にはしない。この2つのメッセージが、バーンズとボルカーを持ち出した含意だった。「彼はボルカーになれるのか？」。FRBの幹部OBにこう尋ねてみる機会があった。「さすがにボルカーの時代とは比べものにならない。パウエルが目指しているのは、あくまで『ミニ・ボルカー』だよ」。彼の言葉には19年12月に92歳でこの世を去った巨人に対する畏敬の念が込められていた。

＊20　**金融政策報告書**
ＦＲＢが半期に1度、米連邦議会に経済情勢や金融政策について説明する報告書。かつて義務化をした法律の名をとってハンフリー・ホーキンス報告書と呼ばれている。議長はこの報告書をもとに議会の上下院でそれぞれ証言を行う。

2 「景気後退が来る」

バナナにおびえるホワイトハウス

「バナナはそんなに遠くない」。22年5月、スイスで2年半ぶりに行われた世界経済フォーラム（WEF）の年次総会（ダボス会議）。米カーライル・グループ創業者のデビッド・ルーベンスタインはイベントでこんな言い回しをした。「バナナ」は景気後退を指す隠語だ。１９７０年代、ボルカーを議長に指名したカーター大統領は側近の経済顧問に「景気後退（recession）」という言葉を口にしないよう叱責し、その側近が使い始めたという逸話がある。

笑い話とも言い切れない。景気は気から。当局者が景気後退のリスクを口にすれば、企業経営者の心理はそれだけで冷え込む。投資を手控えるようになれば経済は減速するし、株安につながれば消費者の心理も悪化する。自己実現的に本物の景気後退を呼び込んでしまう「言霊」を、選挙の洗礼を受ける政治家が嫌がるのは理にかなっている。

パウエルは記者会見でインフレが高止まりするリスクと、景気後退に陥るリスクでは、前者の方が深刻だと明言した。景気後退を起こさずに物価を押し下げるソフトランディング（軟着陸）は可能だと言い続けているが、７月会合の時点で「その道は狭くなっている」と認めていた。

ただ米経済はその後も予想外の堅調さを見せ、23年前半にも景気後退が起きると予想していたエコノミストらは何度もシナリオの修正を迫られた。ＦＲＢの事務方が最初に「緩やかな景気後退」を明記したのは23年3月のＦＯＭＣだ。議事要旨で23年後半の緩やかな後退をメインシナリオとしたことが明らかになった。

これを受けて、政治専門サイトのポリティコは4月12日の記事でＦＲＢの景気後退予測が24年の大統領選での再選に意欲を燃やすバイデン大統領にとって「不吉な兆候」になると指摘した。

ホワイトハウスの反応は敏感だった。翌13日、ジャンピエール大統領報道官は記者会見で「景気後退にも、その手前の状態にも向かっていない」と反論。「バイデン政権は誰も置き去りにしない経済成長を実現した」とアピールを繰り返した。大統領選の前に金融引き締めを控えるようＦＲＢ議長に圧力をかけた大統領は少なくない。バイデンは中銀の独立性を重視すると明言していたが、専門家集団であるＦＲＢの見通しを真っ向から否定する姿勢には違和感が残った。

「逆イールド」でシグナル点灯

早くから景気後退のリスクを明確に示していたのが債券市場で起きた「逆イールド」だ。金融市場では本来、償還までの期間が長い債券の方が高金利となる。お金を借りる際に1週間で返す場合と10年間も待ってもらう場合を考えると、後者の方が高い利息を求められるのは感覚的にも分かる。銀行は企業の信用度を見極めて長期間お金を貸し付けることで利ざやを得ている。横軸に償還までの期間、縦軸に利回りを書いたグラフを「イールド・カーブ（利回り曲線）」と呼び、それは基本的には右肩上がりとなる。これが右肩下がりになる現象を逆イールドと呼ぶ。これは景気後退を招くシグナルとされている。

理由はそれぞれの金利水準を決める決定要因の違いだ。たとえば償還までの期間が2年の債券では、2年間で起こる金融政策の動向が大きな要素となる。景気後退に入る前の回復期では利上げをしていることが多く、2年債の利回りも高くなる。一方で償還までの期間が10年の債券では、今後10年間で起きる経済成長やインフレ率が重視される。長い目でみて低成長でインフレ率も低い経済が続くと予想されていれば、投資家は比較的低い利回りでも10年債の債券を購入するメリットがある。米国では過去、2年債と10年債の利回りの逆転が起きると1～2年以内に景気後退が起こってきた。

今回、それが起きたのは２０２２年3月。ＦＲＢがゼロ金利政策を解除し、急速に次回会合での０・５%利上げを織り込ませていたころだ。19年夏以来、約2年半ぶりだった。その後いったんは解消したが7月から定着し、その利回り差はどんどんと拡大を続けた。最初の点灯から一年たった23年3月、その差は１９８１年9月以来、41年半ぶりに1ポイントを超えた。当時の米経済はボルカーの引き締めによってすでに景気後退に入っていた。ニューヨーク連銀が債券の利回りから算出する「1年先の景気後退確率」は22年6月の５・９%から7月には17・６%になり、23年5月の70・９%まで勢いよく上昇した。


もっとも、23年前半までの米経済は減速が予想されながらも、ＦＲＢや多くのエコノミストの予想を上回る底堅い成長を持続した。景気循環の判断にとって重要となる失業率は上昇するどころか23年4月になっても半世紀ぶりの記録に並ぶ３・４%を付けていた。

象徴的だったのはフィラデルフィア連銀が集計する「不安指数（The Anxious Index）」だ。エコノミストら経済予測の専門家に、次の四半期にマイナス成長に陥る確率を聞いて集計したもので、20%を超えると景気後退が間近に迫り、40%を超えるとすでに景気後退入りした可能性が高いことを示す。

68年から続く調査でほぼすべての景気後退期に当てはまっているが、今回だけは違った。22年10～12月期の時点で23年1～3月期の予想が47％に達したが、23年半ばになっても景気後退入りをしたという議論にはなっていない。労働市場の構造変化を生み出した新型コロナからの回復局面がどれだけ異質かが分かる。

しかも23年初めは記録的な暖冬だった。年末には氷点下まで冷え込んだワシントンでも、1月には上着を脱いでテラス席で食事する風景がみられたほどだ。米国のGDPの7割を占める個人消費は1月に記録的な強さを見せ、景気への悲観論を吹き飛ばした。インフレ率を低下させるのに、景気悪化を招く「ハードランディング」か、景気後退を避ける「ソフトランディング」かを議論していたはずなのに、2月ごろの米株式市場では「ノーランディング（無着陸）」論が浮上した。例によって定義は曖昧なマーケットのはやり言葉だが、景気への悲観論を払拭する当時の空気を捉えた言葉だった。

米国には景気後退入りを簡単にチェックする「サーム・ルール」がある。元FRBエコノミストのクローディア・サーム氏が提唱したもので、直近3カ月間の失業率を過去1年間でもっとも低かった失業率で引いた数が0・5を上回ると、景気後退に入った可能性が高いというものだ。70年以降にこのシグナルが出たのは8回あり、そのうち7回が景気後退の時期とほぼ重なっている。このルールに従えば、米国の景気後退入りは23年半ばの時点でまだ兆候すら出ていなかった。

判定に平均7カ月

米国では22年1～3月期、4～6月期と2期連続のマイナス成長となり、技術的な景気後退（テクニカル・リセッション）[*21]が本物の景気後退なのかどうかが大いに議論された。景気後退はいつ来るのか。22年から23年前半にかけては、この話題で持ちきりだったが、実はこの手の議論には不毛な面もある。「正解」が分かるのが、かなり先になるためだ。正式な判定をする全米経済研究所（NBER）はこの議論が政治的に影響を及ぼすのを避けるため、あえて時間をかけて公表することがある。

判定するのは8人の有力学者で構成する景気循環の判定委員会だ。スタンフォード大やカリフォルニア大バークレー校など名門大の教授が名を連ね、FRB議長に就任する前のバーナン

＊21　**テクニカル・リセッション**
国内総生産（GDP）が縮小するマイナス成長が2四半期連続で起きた際に機械的に認定される景気後退のこと。「技術的な景気後退」と呼ばれる。実際には後日の検証によって景気後退ではないと正式に認定されることもあるが、極めて珍しい。

図09　1年先の景気後退確率

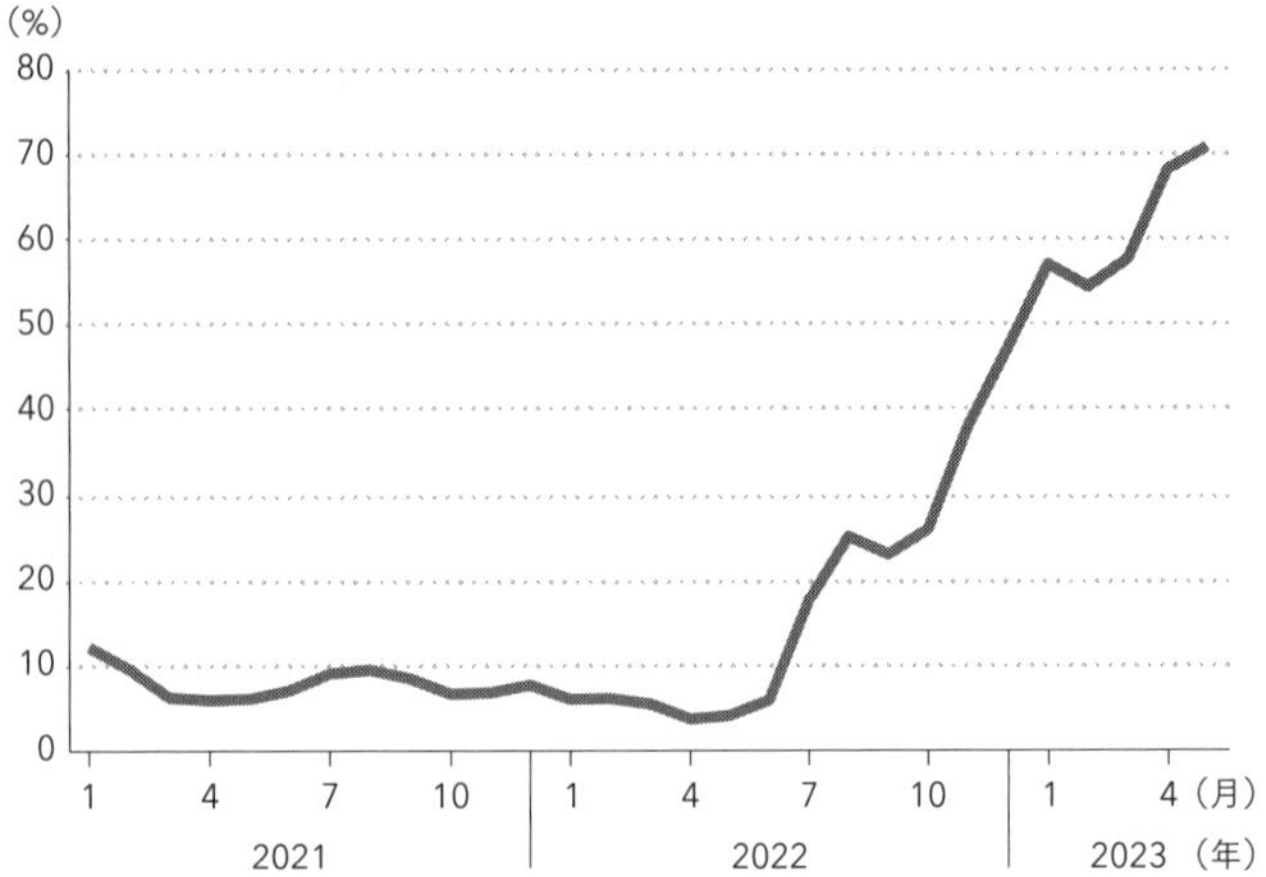

出所）ニューヨーク連銀

キも委員を務めたことがある。判定には経済指標を全般的に確認するが、特に雇用関連の指標を重視する傾向にある。

経済がもっとも良い時点を「山」、もっとも落ち込んだ時点を「谷」として、山から谷に下っていく期間を景気後退、谷から山に上る期間を景気回復と呼ぶ。ＮＢＥＲがコロナ禍の20年2月を「山」だと判定するのには4カ月しかかからなかった。一方で07年12月からリーマン危機にかけて景気後退入りしたという認定には12カ月もかかった。80年以降の6つの「山」は平均すると7カ月かけて結論を出している。

24年は11月の大統領選に向けて全米が盛り上がる。「景気後退入り」は野党・共和党にとって、経済政策の失敗を攻撃するまたとない材料になる。仮に23年後半から景気後退に入った場合、ＮＢＥＲがそれをどのタイミングで認定するのか難しい判断を求められる。

景気は循環するものだ。景気が良いとモノが多く売れるため、企業は生産を増やす。その状態が進むと、生産設備が過剰になって在庫が増え、企業は生産量を減らす。企業の稼ぎが落ちて賃上げも止まり、景気は悪くなる。モノの値段が下がれば、やがて消費量が戻り、景気は底入れしていく。家電の買い換えサイクルや、工場や住宅の耐用年数など、経済にはある程度同じ周期で波動を生み出す要因があり、それが複雑に組み合わさって景気の循環を生み出している。

ひとことで景気後退期といっても、その前半は景気の「山」を越えたばかりで、失業率も低水準である可能性が高い。ＦＲＢの金融政策を読むうえでは、景気後退のタイミングよりも、そこからどれほどの勢いで経済が悪化するのか、それがどの程度の期間で終わるのかの方が重要であることは論をまたない。

3　世界を揺らしたドル高

円買い介入を認めた米財務省

22年9月22日昼、米財務省の担当者からようやくメールに返信が来た。同日未明（日本時間の夕方）に24年ぶりの円買い介入に踏み切った日本に対するコメントだ。朝から問い合わせを続けても反応がなく、日本では朝刊の締め切りが刻一刻と迫っていた。

「日本の当局は、為替介入は最近の円のボラティリティー（変動率）の高まりを抑えるのが目的だと述べており、我々は日本の行動を理解している」。正直、ここまで明言するとは想像しておらず、文面を何度も確かめた。確かに「理解している」と書いてある。為替介入を伝える東京の担当記者の1面トップの原稿に時間ギリギリでコメントを突っ込み、再び考えた。なぜ米財務省は黙認ではなく、わざわざこんなコメントを出したのか。

米財務省は6月に公表した半期に一度の「外国為替政策報告書」[*22]では、年明け以降の急速な

図10　ドルの実効レートは急上昇した

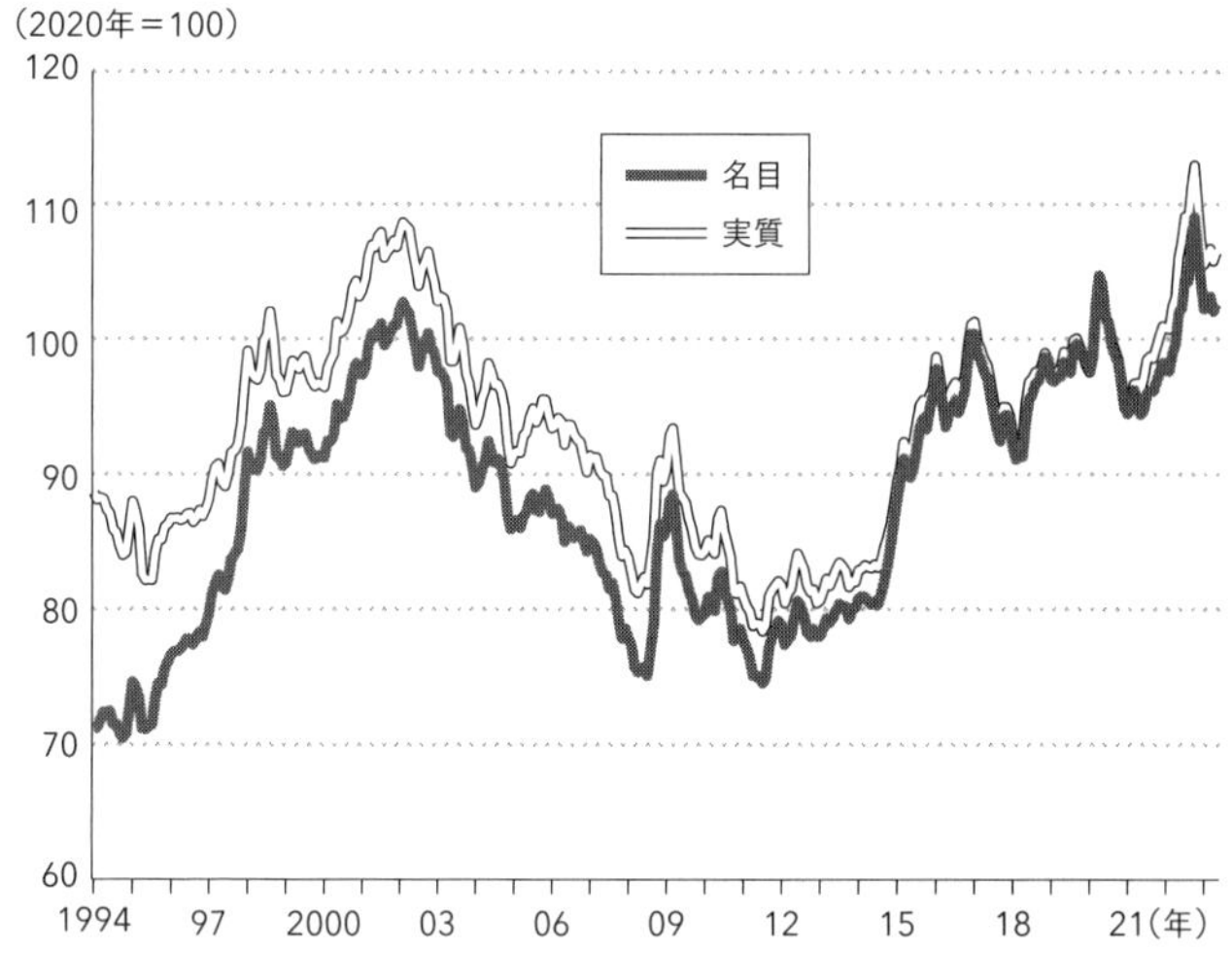

出所）国際決済銀行（BIS）、ブロードベース

円安に言及しつつ「為替介入は事前に適切な協議をしたうえで、極めて例外的な状況のみ」で認められるという従来の表現を踏襲していた。日本はこの時点では、為替操作の可能性を重点的にチェックする「監視リスト」に入れられたままだった。

9月22日は早くから「Xデー」の候補とみられていた。3月の1ドル＝115円から、円安は米国の利上げと歩調を合わせるように急ピッチで進行した。日米の金利差が想定を超えて拡大したためだが、日本では「悪い円安」が流行語になり、輸入品の高騰など経済へのきしみが連日報じられていた。「防衛ライン」とも言われた１４５円が近づくなか迎えた22日は、ＦＲＢや日銀の政策決定のタイミングが重なり、為替が大きく動く可能性があった。

ＦＲＢは21日午後（日本時間22日未明）に３度目となる０・75％の大幅利上げで政策金利を３・０〜３・25％とした。ＦＯＭＣの参加者による予想の中央値は年末時点で４・４％。６月時点の予想から1ポイント高く、11月まで4連続の大幅利上げを強く示唆する内容だった。市場はぶれない「タカ派」のＦＲＢを確認した。

対する日銀は22日の金融政策決定会合でも大規模な金融緩和の維持を決定した。しかも黒田東彦総裁（当時）は自身の任期満了が近づいているのに「必要なら追加緩和をためらわない」というフォワードガイダンス（先行き指針）の修正を「２、３年後の話」と言ってのけた。同じ日にはスイス国立銀行（中銀）も利上げし、主要国でマイナス金利政策を続けているのは日本だけになった。

１４５円のラインを踏み越えて円安が進んだ日本時間の22日夕、財務省の神田真人財務官はついに伝家の宝刀を抜いた。ドル円の為替チャートは突然、崖のようにほぼ垂直に下がり、一気に5円も押し戻した。後日判明した介入額は２・８兆円。比較可能な91年以降で最大となった圧倒的な量で、その瞬間は市場関係者の取引をすべてなぎ倒すような勢いとなった。だが日銀が緩和を続けるなかで為替介入の効果に持続性がないことは市場関係者も過去の経験で分かっている。介入をどれくらい続けられるかを見極めるうえでも、米政府の反応は重要だった。

「第2のプラザ合意」

米財務省が公表したコメントは、介入があくまで円の粗い値動きに対応する措置だと強調したことに主眼があった。介入を理由を明示せずに黙認すれば、米国内で浮上している「ドル高是正論」が勢いづく可能性もある。あえて「特例」を強調したコメントを公表した背景には、その辺の事情があるように映った。

外国為替市場で起きていたのはドルの独歩高であり、ドルの総合的な強さを示す実質実効為替レートは85年以来の高値となっていた。85年といえば、米ニューヨークのホテルで米欧日5カ国の閣僚がドル高是正で足並みをそろえた「プラザ合意」の連想が働く。今のドル高は米国にとってマイナスなのではないか。そんな見方がじわりと広がっていた。

＊22 **外国為替政策報告書**
米財務省が主要な貿易相手国について為替を人為的に操作していないかどうかを分析・評価する報告書。4月と10月に米議会に提出されることになっているが、実際には不定期で発表のタイミングも事前に分からないことが多い。特に自国通貨を安く誘導して輸出の競争力を高めようとする国を「為替操作国」と認定し、是正しなければ高関税などの報復に出る可能性もある。

モルガン・スタンレー・ウェルスマネジメントのリサ・シャレット最高投資責任者は9月12日のリポートでドル高の「11月是正説」を予想した。ドル高によって米企業の海外収益がドル換算で圧縮され、さらに現地通貨建てでみた米国製品の価格競争力が低下しているという指摘だった。シャレットは11月に開かれる20カ国・地域（Ｇ20）首脳会議がその転機になると予想した。

9月に入ってからは米紙ウォール・ストリート・ジャーナルなど主要メディアもドル高を懸念する記事を相次ぎ掲載。米グーグルが単語の検索頻度を指数化したグーグル・トレンドでも「強いドル」は急上昇していた。

米財務省やＦＲＢはドル高に対して反応しなかった。米国家経済会議（ＮＥＣ）のブライアン・ディーズ委員長は9月27日、米メディアから「第2のプラザ合意」の可能性を聞かれて否定した。ドル高は米経済の想定的な力強さを反映している、というのがホワイトハウスの公式答弁になった。

当初はドル高が輸入物価の下落を通じて米国内のインフレ抑制につながるとの見方もあった。だがカンザスシティー連銀は8月17日のリポートで、ドル高が当時の水準のまま高止まりをしても23年の物価上昇率を抑える効果は0・26ポイントしかないと指摘した。米国の輸入は95％

がドル建てであるためだ。パウエルも6月の時点でドル高のインフレ抑制効果は「ごく限られた範囲にすぎない」と話していた。輸出側をみても、プラザ合意のあった80年代に問題視されたような自動車産業の輸出競争力は大きな焦点になっていなかった。

むしろ米当局が懸念したのは、海外からドル高是正を求める声が強まることだった。象徴的だったのはイエレン米財務長官の国際会議での発言の変遷だ。7月28日、インドネシアのバリ島で開かれたG20財務相・中央銀行総裁会議では、前日の記者会見で「ドル高はほかの地域に圧力を与える」とマイナス面を認めていた。ところが10月14日、米ワシントンで開いた同会議での記者会見では「市場で決定される為替レートがドルにとって最良の体制であり、それを支持する」とドル高を容認するトーンを強めた。翌日の15日には、米西部オレゴン州を訪問していたバイデン大統領が「ドルの強さについて懸念していない」と明言した。

バイデン発言で際立っていたのは「問題は他国の経済成長や健全な政策の欠如だ」とまで言い切った点だ。米国はあくまでインフレの抑制を優先して利上げを続ける。その結果として、ドル高が海外経済に悪影響を及ぼしても、それはそれぞれの国が対処すべきだという考えだった。米政権にとっての最重要課題は11月の中間選挙であり、インフレ抑制へのリーダーシップが焦点でもあった。立ち寄った店舗でアイスクリームをほおばりながら、余裕の表情で記者の質問に答えているバイデンの映像は世界との温度差を象徴していた。

イエレンに2度の直撃取材

ドル高にどう向き合うのか。普段の記者会見ではなかなか質問をさせてもらえないイエレンにオン・レコードの場で2度、直撃する機会があった。1回目は22年12月8日。米南部テキサス州フォートワース。この際は、落ち着いてきたドル高がこのまま収束するのか見解を聞いた。

「ドルの行方を予想するつもりはない。ただ、今のドルの動きにはFRBやそのほかの国の金融政策とその動向への期待値が一役買っている。ファンダメンタルズを反映している動きだ」。FRBの利上げが減速を始め、米国と他国の金利差が最終的にどれほど開くのか、不透明さが薄らいでいた。ブレのない発言には、ドル高が一服したことに対する安堵が感じられた。

2回目は23年6月30日、イエレンが米南部ルイジアナ州ニューオーリンズでソーラー発電のスタートアップ企業などを訪れた視察に同行したタイミングだった。あえて米欧の番記者もついて行かなさそうな出張を狙ったら、運良く記者は2人しかいなかった。ドル指数はすっかり落ち着いていたが、円相場は22年9月の介入時と同じ1ドル＝145円まで円安が進んでいた。日本の再介入を容認するのか。米国側に懸念はあるのか聞いた。

「私たちのチームは介入の根拠をよりよく理解しようとしており、日本の当局者とも連絡を取り合っている」。突然の質問にもかかわらず、具体的に「介入」という言葉を使って明確な回答が出てきた。これは事務方からのブリーフィングが終わっているに違いない。イエレンはその

インドネシアのバリ島で記者会見するイエレン米財務長官、22年7月

後、一呼吸置いてから「為替介入についての私たちの一般的な見解としては、過度に対処するためには正当化しうるが、私たちは市場で決定される為替レートを信じているということだ」とやや笑顔を浮かべながらお決まりのセリフを付け加えた。

この発言の読み解きにはさまざまな解釈が出た。市場参加者は短期的には日本の為替介入の可能性が高まったと受け止めた。日本の神田真人財務官は7月4日朝、記者団に「米国を含めた各国の当局とは日ごろからほぼ毎日、為替・金融に限らずさまざまな意見交換や意思疎通を図っている」と回答し、介入観測が高まりすぎるのを牽制した。

米国にとって日本の介入がさほど重大な

ことではなくなっているという見方も出た。6月16日に公表された外国為替政策報告書では、日本が「監視リスト」から除外された。円安や資源高の影響もあり、経常黒字が基準よりも小さくなったためだ。円安の要因を巡っては低成長から抜け出せない構造問題も多く指摘された。実際にそれが円安の原因だったかどうかは検証が必要だが、日本という国の国際的な存在感が弱まっているのは米国で暮らしていて日々感じる。イエレンの穏やかな表情を思い出すたび、少し複雑な気持ちになる。

途上国で始まった債務危機

「債務危機が多発した１９８０年代の再来になるかもしれない」。7月に米ワシントンでインタビューした際、世界銀行のアイハン・コーゼ開発見通し局長は強い口調で警鐘を鳴らしていた。米国にとって82年のメキシコの債務不履行から続いたラテンアメリカの債務危機は大きな出来事だった。

　コーゼが挙げた類似点は低成長のなかで金融緩和が長期間続いたことだ。70年代と同様に、10年代は低成長・低インフレの時代だった。中央銀行は世の中にお金を回して活気づけようと政策金利を低く抑え続けた。その結果、生まれたのが過剰な債務だった。

　途上国の場合は信用力の低い自国の通貨で国外からお金を借りることができない。国際決済銀行（ＢＩＳ）によると新興国のドル建ての債務は10年初めの2・2兆ドルから22年初頭には5・4兆ドルに膨らんでいた。世銀は22年末の時点でも、最貧国の約6割が債務危機のリスクが高いか、すでに危機に陥っていると警鐘を鳴らし続けた。

ＦＲＢの利上げは世界的な金利上昇によって途上国の利払い費を重くし、さらにドル高もドル建て債務の膨張を通じて財政を圧迫する要因になった。途上国にとって急ピッチのドル高は、自国通貨の暴落も意味した。食糧などの輸入価格が上昇し、国内のインフレが加速する要因にもなる。通貨を防衛するためには、自分たちも利上げを実施するしかない。世銀が38カ国の金融政策を集計したところ、利上げ回数は22年5～7月に月平均で22回と、これまで最大だったリーマン危機前の14回を上回って少なくとも70年以降の記録を更新した。国際通貨基金（ＩＭＦ）の集計では7月までに世界全体の4分の3にあたる75行が利上げに踏み切った。利上げは、コロナ禍から回復する途上の経済に逆風を吹き付けることになる。世界各地の途上国が、株価の下落、債券の価格下落（金利上昇）、通貨安という「トリプル安」に見舞われた。

新興国からすれば、長期的な低金利時代を生み出したのはリーマン危機後に先進国が打ち出した金融緩和である。運用先に困ってあふれ出たマネーは世界各地で収益機会を求め、リスクの高い新興国経済にも浸透した。それが逆回転した途端、今度は借りた側の責任だと追及されることになる。お金を借りる側の責任が大きいことは間違いないのだが「貸してくれるから借りた」というのが本音でもある。「貸し手の倫理観」を低金利時代にどう維持するかは官民を問わず、時代を問わず、危機のたびに思い出されるやっかいな問題だ。「音楽が鳴っている間は、踊り続けなければならない」という有名なフレーズは住宅バブルが崩壊前夜を迎えていた07年にシティグループのチャールズ・プリンス最高経営責任者（ＣＥＯ）が語ったものだ。これは業界内で激しい競争にさらされる経営者の本音であり、中央銀行が金融緩和を続ける限り、貸し手が過剰なリスクを取る動きは必ず生まれる。

22年7月末の時点で、国際通貨基金（ＩＭＦ）による低所得国向けの支援額は19年末比で１・５倍となる１０８３億ＳＤＲ（１ＳＤＲは約１・32ドル）まで膨らみ、リーマン危機後を超えた。トンガやケニアなどアフリカ諸国も次々と支援を受け入れた。４月に支援要請した「インド洋の真珠」スリランカは、政権の経済政策の失敗やインフレ、観光客の減少でデフォルトに陥った。７月には大規模なデモで大統領の公邸が占拠されるなど、衝撃的な映像が世界を駆け巡った。

スリランカを含め、途上国の多くが直面した問題が、最大の貸し手となっていた中国だった。

図11　新興国のドル建て債務

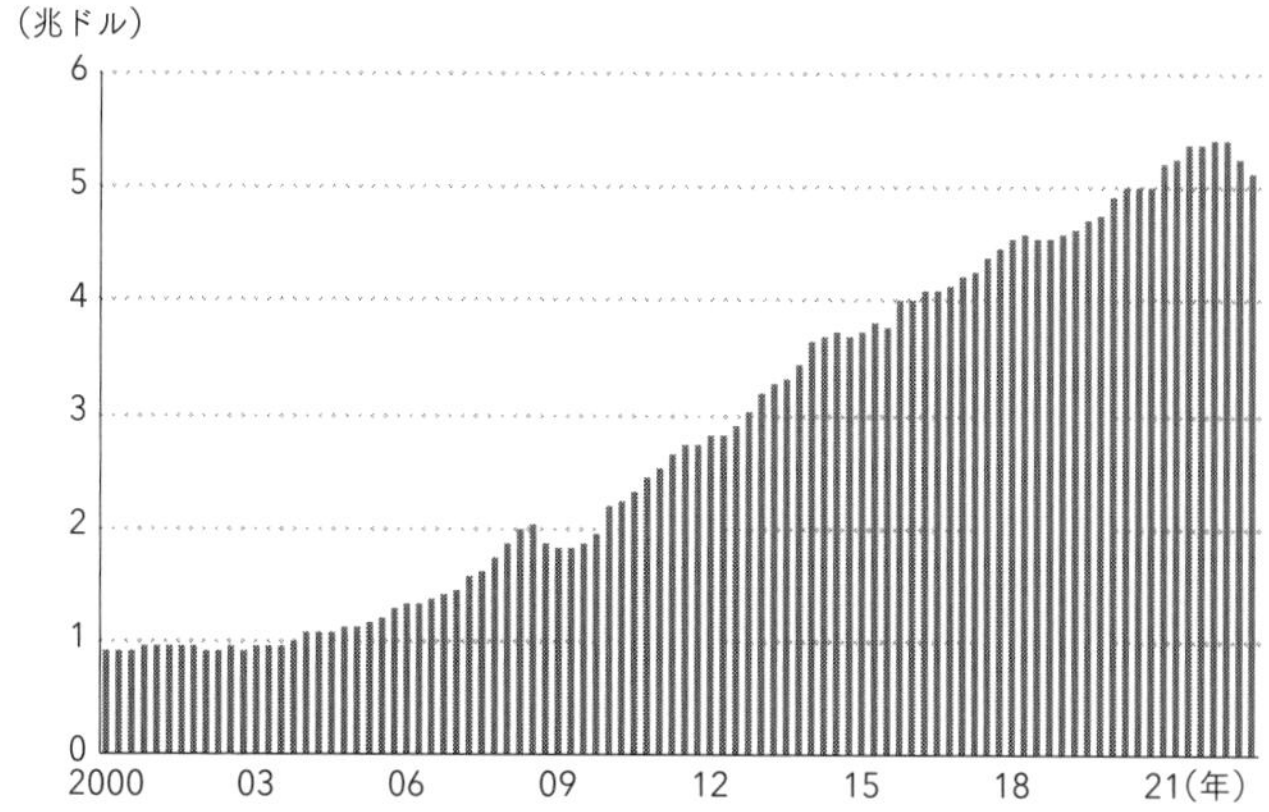

出所）国際決済銀行（BIS）

コロナ禍のさなかにあった20年からG20の財務相・中央銀行総裁会議は公的融資について途上国の債務返済を猶予することを決定。その後、債務を再編する共通の枠組みも設けた。だが債務再編はひとまず債権者が情報を共有しなければ議論が始まらない。中国はその協議に後ろ向きで、この枠組みはその後2年間ほぼ機能しなかった。

　中国はコロナ禍の前、広域経済圏構想「一帯一路」に関わる途上国に積極的に貸し付けを行っていた。その条件は開示されていないものが多く、不透明だ。焦げ付いた際に天然資源や港湾など重要施設の運営権を中国に引き渡すことになっている取引もあり、米欧は「債務の罠」について警鐘を鳴らしてきた。かつては日米欧などで構成するパリクラブ（主要債権国会議）

で議論してきた問題が、いよいよ民主主義国だけで解決できない時代に入った。コロナ禍はその現実を突きつける歴史的な転換期になった。

「米国と中国は、どの国を助けるか政治的に決めるだろう。ＩＭＦや世銀はその間で政治に巻き込まれるかもしれない。貧困国は悲惨な状況に陥る」。8月のジャクソンホールでインタビューしたピーターソン国際経済研究所のアダム・ポーゼン所長の言葉だ。「債務危機が激化している。対策を怠れば多くの国が財政危機や政情不安に直面し、何百万人もの人が貧困に陥る」。こちらは22年12月に世銀のマルパス総裁が発した警告だ。この時期のホワイトハウスやＦＲＢは、こうした切実な訴えをまるで聞こえないかのように振る舞っていた。

ＦＲＢにとっては海外で起きた債務危機がいかに悲惨なものかは関係なく、米国に波及するかどうかの見極めが大事だ。その意味でＦＲＢの意識を変える事件は意外な場所で起きた。英国のリズ・トラス首相が大規模な減税策を掲げて9月6日に就任すると、市場が「反乱」を起こした。株・債券・通貨のトリプル安が加速し、グローバル市場を揺らした。トラス政権は歴代最短の49日での総退陣に追い込まれた。

そのさなかの9月30日、ブレイナード副議長の講演は珍しく海外リスクへの言及が多かった。債務水準が高い国や企業が金利上昇で返済負担の増加に直面すると指摘して「(ドル高の裏側で起きる）自国通貨安がそれをさらに悪化させる可能性がある」とも言及。リスク増大を懸念した金融取引参加者が萎縮するシナリオに警戒感を示した。インフレ抑制に向けて引き締めの副作用へのコメントをしばらく封印していたブレイナードの「ハト派」の顔がのぞいていた。

4 政治との「共闘」

名ばかりのインフレ抑制法

法案の名前を聞いた時は、何かの冗談かと思ったほどだ。民主党政権に好意的な米主要メディアでさえ、見出しにするのを避けていた。8月16日に成立した「インフレ抑制法」はペンシルベニア大の分析によると25年までインフレ率にほぼ影響を及ぼさない内容だった。

歳出の大半は再生可能エネルギーの推進など気候変動対策だ。電気自動車（ＥＶ）への補助金など保護主義的だと批判される政策も多い。大企業向けの課税強化や、薬価引き下げにつながる制度改正を盛り込んだため、政権は「インフレに効く」と吹聴した。確かに４０００億ドル超の歳出を大幅に上回る７０００億ドル超の歳入を見込み、民間の需要を冷やす効果はある。ホワイトハウスはサマーズ元財務長官から「インフレに効果がある」とのお墨付きを得たと大騒ぎした。だがその効果は法案が影響する10年間のうち、後半部分に集中している。10年後までは大統領選が2回もある。その間、共和党政権になれば増税を取り消す可能性が高い。米国の政治は「歳出拡大・増税」の大きな政府で格差是正を目指す民主党と「歳出削減・減税」の小さな政府を掲げる共和党とのせめぎ合いだ。両方とも理念通りに進めば財政悪化を避けることができるはずだが、民主党政権では財源確保の前に歳出が先行した。

この「インフレ抑制法」は21年末に頓挫した看板政策「ビルド・バック・ベター」と呼ぶ歳出・歳入法案を大幅に縮小した内容だ。21年末に法案に反対して「裏切り者」となった張本人である民主党のマンチン上院議員が7月27日、突如として民主党の上院トップであるシューマー院内総務と合意案を公表。そこからわずか3週間で成立までこぎ着けた。11月の中間選挙を控えた実績作りとしてこれ以上ないタイミングだった。

「前任者とは違う」

バイデン政権は政策でインフレ抑制に効果的な手を打てなかったが、少なくともFRBの独立性を重んじて金融引き締めの邪魔はしなかった。

「トランプ大統領がときおり私に電話をかけてきたのは公知の事実だ」。23年2月7日、ワシントン経済クラブで対談イベントに出席したパウエルは、議長としてのストレスなどを聞かれるなか、こう言って笑いを誘った。前大統領のトランプは、本来独立性が重んじられるはずの

ＦＲＢに対して公然と金融緩和をするよう圧力をかけ、パウエルを「無知」「能なし」と罵ったことがある。パウエルは会場で「バイデン大統領からの電話を受けたことはない」と強調した。「前任者とは違う」。バイデンも22年5月31日にホワイトハウスでパウエルと会談する前日、米紙への寄稿で自らこう主張した。「私のインフレ抑制計画はＦＲＢとその独立性を尊重するところから始まる」

60年代のジョンソン大統領はマーチン議長をテキサスの牧場に呼びつけて金融緩和を迫った逸話がある。かのボルカー議長も１９８４年にホワイトハウスの図書室にこっそり呼び出され、レーガン大統領と側近から選挙前に利上げをしないよう圧力を受けたと回顧録で明かしている。だが過去の政権と異なり、バイデンとパウエルは高インフレという共通の課題に直面していた。

金融引き締めによって失業者を増やす苦しみをどう考えるのか。米議会で追及された時もパウエルは明快な回答を持っていた。「米国民は今、まさにインフレに苦しんでいるのです」

Column 4

2%物価目標、20年の蹉跌

「2という数字に何のマジックがあるの?」。2022年8月に米紙が開いたイベントで、ミネアポリス連銀のカシュカリ総裁がこう突っ込まれる場面があった。物価目標の水準を巡るこの問いは日本で延々と繰り返された議論だ。米国で、まさか高インフレのさなかに同じ質問を聞くことになるとは思わなかった。

質問したのは米資産運用大手ブラックロックのラリー・フィンク最高経営責任者(CEO)。当時の個人消費支出(PCE)物価指数は6%台で上昇しており、鎮圧には時間がかかるのは明らかだ。愚直に2%を目指せば、FRBは相当厳しい金融引き締めを長期に続けざるを得ない。高インフレの後、激しい景気後退を招けば２重の失敗になる。問いかけは金融業界の懸念を代弁したものでもあった。

「３％で勝利宣言をしたら我々への信頼は地に落ちる」。カシュカリは一通りの模範回答を続けた後、こうも言及した。「政府や議会が議論を望むなら、将来は『３』にすべきなのかもしれない」

長くインフレ・ターゲットを提唱してきた経済学者のポール・クルーグマンも23年6月にニューヨークタイムズ紙への寄稿で「10％を３％に下げるより、３％を２％にする方がずっと難しいかもしれない」と目標の引き上げを提案した。

高インフレのさなか、保守系テレビのフォックス・ニュースはバイデン政権の政策運営を激しく批判し続けた。インフレ率が３％に下がって人々が物価高よりも、景気後退について不満を抱き始めたとき、この批判はＦＲＢに向かう公算が大きい。

歴史の教科書には米国がインフレ・ターゲットを導入したのは２０１２年１月であり、当時のバーナンキ議長が決定したと記載される。だがセントルイス連銀のブラード総裁によると、実際には１９９６年だ。当時、イエレン理事がグリーンスパン議長に目標を明確にするよう迫り、２％という結論に達した。ただ議長はこの議論を外に

図12　個人消費支出（PCE）物価指数

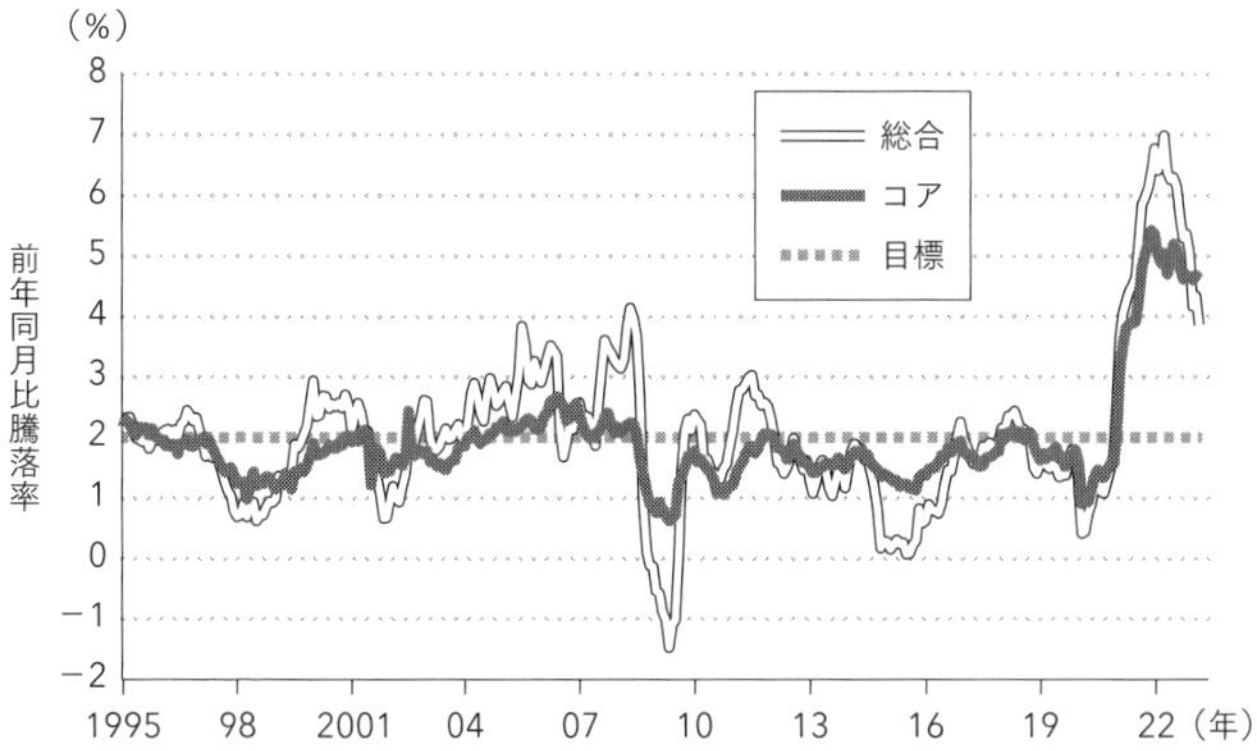

出所）米商務省

は漏らさないように口止めしたという。

興味深いのは１９９６年１月から２０１１年12月までのＰＣＥ物価上昇率は単純な月平均で２・１％なのに対して、12年１月から19年12月までは１・４％であることだ。低金利、低成長、そして低インフレの時代に、すでにゼロ金利政策を導入していたＦＲＢは公言した物価目標をなかなか実現できなかった。「２％の実現が確信できる」として９年半ぶりの利上げに踏み切ったのは15年12月。エネルギーと食品を除くコア指数の上昇率が２％に達するのは18年に入ってからだ。

１９８９年にニュージーランドで初めて導入された物価目標は、その後世界に広まった。金融政策をつかさどる中銀が目指すべき方向を明示すれば、人々の物価上昇率の予想が安定する利点があるとされる。日本で正式に導入されたのは２０１３年1月だ。

　その効果がどれほどあったのかは検証の余地があるところだが、現時点で世界標準となっている「２％」を変更することは金融市場に大きなショックをもたらす可能性もある。導入した後は、できる限り触らぬようにしたいのが当局の本音だろう。

　そもそも、物価目標は誰が決めるべきものなのかという論点も残っている。１９９４～96年に副議長を務めたブラインダーは私とのインタビューの中で、物価目標を議会が決めるべきだと明言した。物価水準は国の経済政策の最大課題の１つ。それは選挙の洗礼を受けた政治家が決めるべきであり、国民に選ばれていない中銀が決めるべきではないという趣旨だ。ブラインダーは当時も議会に要請したが、議員らが嫌がったという。日本では、物価目標は政府と日銀の共同声明として明記された。

　もし政治が物価目標を決めるのだとすると、１つ問題点が浮上する。仮に中銀が高い物価上昇率を安定させようと厳しい金融引き締めを実施し、その結果として一時的に景気の悪化懸念が強まった場合を想定する。もしも選挙が近づいていたら、政治家は中銀に引き締めをやめるよう圧力をかけるはずだ。それを突っぱねるための中銀は独立性を与えられているが、もしそこで政治家が物価目標を引き上げてしまえばどうなるか。現実的には想定しにくいが、物価目標について言及するだけで為替の水準を操作することも考えられる。

グリーンスパンはかつて物価安定を「想定される一般的な物価水準の変動が、企業や家計の意思決定を効果的に変化させない状態」と定義した。誰も物価変動を意識しない状態が、果たして何%なのか。それが時代とともに変化する場合はどう対応すれば良いのか。そもそも、その水準に正解があるのか。議論は今後もくすぶり続ける。

第五章

危機

1　ついに起きた銀行破綻

緊迫の日曜日

「Heads up（注意喚起）だ」。携帯に取材先から電話がかかってきたのは3月12日、日曜日の夕方だった。詳しい内容は言えないが大きな発表があるので備えておけという趣旨だった。慌てて記者端末を開き、その時を待った。午後6時15分。イエレン米財務長官、パウエル議長、そして米連邦預金保険公社（ＦＤＩＣ）のグルーエンバーグ総裁による共同声明とともに公表された内容は、想像を超えるものだった。

　カリフォルニア州の米銀シリコンバレーバンク（ＳＶＢ）の株価が6割も急落し、何が起きているのかと注目を集めたのが9日の木曜日。翌日の破綻まではあっという間だった。そこからわずか2日間で、米金融当局は預金の全額保護からＦＲＢによる緊急貸し出し制度の新設までフルメニューを準備した。驚いたのは緊急対策と同時にニューヨーク州の米銀シグネチャ

破綻した米シリコンバレーバンクの店舗に集まる人々　（新華社/共同通信イメージズ）

ー・バンクまで破綻させたことだった。

　2時間後にはバイデン大統領が手続きを称賛する声明を公表し、翌朝に会見をするとも明らかにした。週明けの日本市場が開くギリギリの時間までにできる処理をすべてこなし、必要であれば追加策を打てるよう舞台を整えた手際の良さは、裏を返せば彼らの危機感がどれだけ強いかを示していた。速報記事を書きながら、あまりの展開の早さに驚き、同時に背筋が冷えるのを感じた。

　のちに公表されたＦＲＢの資料によると、パウエルは12日夜、緊急対策の公表直後に民主党の上院トップ、シューマー院内総務に電話で報告をしている。これは単なる地方銀行の破綻ではない。急ピッチで続けてきたＦＲＢの利上げが全米の銀行経営を圧迫しているのは明らかだからだ。一度火が付いた信用不安は、まるで野火のように広がる。金融危機を食い止めることができるかどうか。まさに瀬戸際だった。

翌朝のニューヨーク株式市場で米地銀の株価は一斉に急落した。当局の対応に驚いた市場関係者が「次のＳＶＢ」探しに躍起になったためだ。狙い目は預金が流出している地銀。真っ先に標的になったのは中堅銀ファースト・リパブリック・バンク（ＦＲＣ）だ。ＪＰモルガン・チェースやバンク・オブ・アメリカ（バンカメ）など大手11行が16日に、ＦＲＣに計３００億ドルの預金をすると公表したが、不安の芽は消えなかった。

次の週の日曜日。大波は、大西洋を渡ってやってきた。震源はスイス。金融大手クレディ・スイス・グループだ。もともと欧州では複数の金融大手に経営不安の噂がくすぶっていた。クレディ・スイスは1日1兆円規模の預金流出に見舞われ、19日に同じスイスの金融大手ＵＢＳが救済合併で合意した。米国の西海岸から火が付いた金融不安はわずか1週間で、１８５６年創業の名高い金融大手の歴史を閉じる事態にまで発展した。

金融機関の破綻処理は金曜日の業務終了後に宣言して月曜日の朝までに救済機関への移行と預金返済の準備を整える「金月処理」が一般的だ。日本の金融危機でも同様で、リーマン危機時もヘンリー・ポールソン米財務長官が日曜日ごとに危機対応を打ち出して「サンデー・ポールソン」の異名をとった。

金融不安になれば日曜日のたびに何かが起きる。今度はあらかじめ記者端末のそばで待機していたのが幸いだった。19日午後5時、ＦＲＢは日銀と欧州中央銀行（ＥＣＢ）、カナダ、英国、スイスの各中銀と協調したドル供給の強化を打ち出した。金融不安が強まると金融市場での取引が細り、自力でドルを調達できなくなる金融機関が増える。そうした目詰まりを未然に防ぐため、各国の中銀はＦＲＢとのスワップ（通貨交換）を活用して公開市場操作（オペ）を通じた市場へのドル供給を実施している。今回の決定はその頻度を週次から日次に増やすというものだった。連日のドル供給はコロナ禍で市場が混乱した２０２０年以来の措置となった。

超速度のデジタル預金流出

危機の発端となったＳＶＢは、スタートアップが集積するシリコンバレーのエコシステムを担って急成長していた。新型コロナウイルス禍がＦＲＢの量的緩和によるカネ余りと、テレワークの普及によるＩＴ（情報技術）企業の成長期待を生み出したためだ。22年3月末までの１年間で預金は１・６倍の１９８０億ドルに達していた。融資の需要が追いつかず、余った資金は住宅ローン担保証券（ＭＢＳ）などで運用していたが、その価値が急ピッチの利上げによって劣化してしまった。

債券はいくら含み損が拡大していても償還まで持ちきれば元本が返ってくるため損失が実現することはない。ところがＳＶＢは3月8日、保有するＭＢＳや米国債などの有価証券２１０億ドルを売却し、18億ドルの損失を計上した。ＳＶＢは同時に22億５０００万ドルの増資を発表しており、これによって財務の健全化を図る算段だった。ロイター通信はその判断の裏側に格付け機関ムーディーズ・インベスターズ・サービスによる「格下げ宣告」があったと伝えている。

この増資発表は完全に裏目に出た。この時、混乱に火を付けたとされるのがベンチャー・キャピタルのファウンダーズ・ファンドだ。自ら法人口座から資金を引き揚げただけでなく、顧客にも預金を分散するよう進めたとされる。もっとも、その後ファンドを率いるピーター・ティールは英フィナンシャル・タイムズに対して、個人口座の５０００万ドルをＳＶＢから引き出していなかったと明らかにし、破綻を予期していなかったと弁明した。

意図したものかどうかはともかく、不幸だったのはティールというカリスマの存在感が特に西海岸で非常に大きかったことだ。ティールは米決済大手ペイパルやデータ解析のパランティア・テクノロジーズの共同創業者で、フェイスブックに初期段階から投資をしたことでも知られる。イーロン・マスクなど西海岸の有力経営者がそろう通称「ペイパル・マフィア」のドンであり、トランプ前大統領の支持者で「陰の大統領」と呼ばれたこともある。

余談になるが、私は19年12月、メディア嫌いで知られるティールにインタビューをしたことがある。「誰もが気づいていない需要を掘り起こす競争のない分野にこそ起業の価値がある」と大企業になったグーグルなどＩＴ（情報技術）大手を厳しく批判したかと思えば、公立校の教育など政府に対する強烈な不信感をあらわにする場面もあった。その破壊者としてトランプへの信頼があるという。まるで何かにおびえているのかと思うほど慎重な話しぶりだが、過激な主張を哲学専攻らしく理路整然と説明する姿勢が印象的だった。ＳＶＢの異変に警報を鳴らしたのが、ほかならぬカリスマのファンドだったことがその後の預金流出を勢いづけた。

シリコンバレーが世界に普及させたＳＮＳ（交流サイト）が信用不安情報の拡散スピードを早め、自らが頼ってきたＳＶＢ破綻の回避にかける時間を与えなかったことは歴史の皮肉でもある。ＦＲＢはのちの報告書で、ＳＶＢが10日に破綻していなければ１日に１０００億ドル規模の預金流出が想定されていたと明らかにしている。金融危機が起きた08年は買収で救済されたワコビアが８日間で１００億ドル、破綻したワシントン・ミューチュアルでも16日間で１９０億ドルの流出だった。スマホ一つで情報から預金までを自由に手早く動かせる便利なサービスが、デジタル時代の「高速取り付け騒ぎ」という新たな問題を引き起こしていた。

よみがえる最後の貸し手

3月12日に打ち出した政策パッケージの目玉は2つあった。1つは預金の全額保護。25万ドル以上の預金は保険の対象外だが、SVBとシグネチャー・バンクについては例外的に守ることを宣言した。もう1つはFRBによる「銀行タームファンディングプログラム（BTFP）」の新設だ。米銀の多くは急ピッチの利上げによって保有する債券の市場価格が下落し、含み損を抱えていた。そのまま持ちきれば元本が返ってくるが、償還までの期間が長いものも多い。SVBは手元の資金を得るためにそれを売却して損失を出したことが経営不安を招いた。BTFPは米国債やMBSを時価ではなく額面で評価し、それを担保として受け入れて最大1年の融資をするものだ。債券市場でたたき売らなくても、手元の資金を得ることができる。

FRBは16日、銀行によるFRBからの資金借り入れが15日時点で1528億ドルに達したと発表した。これはBTFPの前からある「連銀貸し出し」と呼ばれるものだ。当時の為替レートで20兆円という巨額の借り入れで、リーマン危機時を抜いて過去最高を記録した。この時点でBTFPはまだ119億ドルの利用しかなかったが、FRB高官は「制度が始まったばかりでこれから拡大する」と見込んでいた。予想通りBTFPの利用額は22日時点で536億ドルに急増した。FRBが利上げによって圧迫した銀行の経営を、FRBが自ら救済する構図だった。

図13　「最後の貸し手」機能が復活

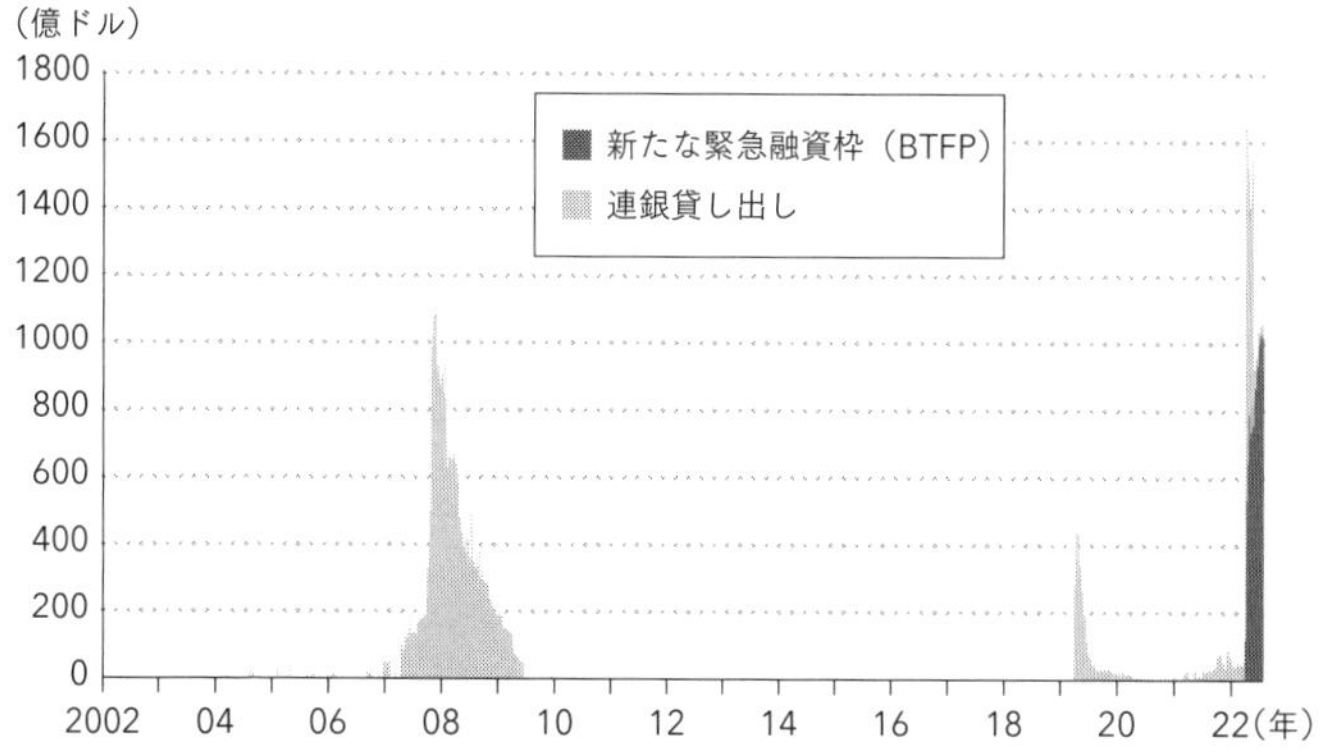

出所）FRB

ＦＲＢの金融政策は、金融機関の仲介機能によって効力を発揮する。分かりやすく言えば、いくらＦＲＢが利上げをしても、銀行が住宅ローンや融資の金利を引き上げなければ家計や企業の活動は冷やされない。ＦＲＢはそのため金融機関が健全に経営されるよう監督する責務も負っている。

ただいくら健全な銀行でも、金融不安になれば突然死のリスクが強まる。噂一つで預金は抜け始め、株価は急落する。銀行規制と言えば自己資本の積み増しが重要視されるが、銀行の破綻は自己資本の不足ではなく資金繰りの行き詰まりから起きることが多い。リーマン危機の際は銀行間で資金をやりとりする短期金融市場で金利が急上昇するたびに「○×銀行の経営状態を怪しんで誰もお金を融通しようとしていない」と噂が駆け巡った。

こうした事態を避けるためにＦＲＢが備えているのが「最後の貸し手（Lender of Last Resort、ＬＬＲ）」という機能だ。同業の金融機関などが誰もお金を融通してくれなくなっても、ＦＲＢに駆け込めば金利は高いが必ず貸してくれる。こうした安全網があることで、市場が機能不全に陥る事態を避けることができる。実は１９１３年にＦＲＢが創設されたのは金融政策ではなく、ＬＬＲの確保が目的だった。

もっとも、ＦＲＢに頼らなければ資金繰りを確保できなかったという状態は、他行に知られるとそれだけで信用に傷を付けることになってしまう。こう考える銀行経営者が制度の活用をためらってしまう「汚名（stigma）」問題にＦＲＢは長年、頭を悩ませてきた。２０２０年のコロナ禍での制度再拡充と23年のＳＶＢ後の利用増はこうした問題を払拭する契機にもなった。

もっとも、ＬＬＲの金利は政策金利に近い水準に設定されるため、市場での金利よりかなり高い。米国の金融システムを巡るルール作りは、モラルハザードを生まないことを大前提にしているためだ。ＬＬＲに依存し続けなければ存続できない銀行は、結局は利払いの高さに収益を圧迫されて市場から退場を迫られることになる。

一度は大手銀による「奉加帳方式」で破綻を免れたファースト・リパブリックも、ＬＬＲで借りた資金の利払いが重く、結局は経営が行き詰まった。だが米当局の要請を受けて5月１日に救済買収を決定したのはＪＰモルガンだ。「Too big to fail（大きすぎて潰せない）[*23]」という銀行規制のモラルハザードを解消するべく苦労してきた金融当局も、最後は全米の預金シェア10％を超えるＪＰモルガンのジェイミー・ダイモン最高経営責任者（ＣＥＯ）に頼らざるを得なかった。

＊23　**Too big to fail（大きすぎて潰せない）問題**
大規模な金融機関の破綻は金融システムへの影響が大きすぎるため、経営難に陥っても政府が救済せざるを得ない。そう見越した経営者が過度なリスクの取引を増やすモラルハザードが発生する問題のことを指す。リーマン危機後の金融規制強化で課題となった。

2　イエレンの葛藤

預金保護を巡るジレンマ

23年3月21日午前、米国銀行協会（ABA）がワシントンのホテルで開いた金融機関の経営者イベントは冒頭から異様な熱気に包まれていた。ロブ・ニコルズ会長は10日前に起きたSVBの破綻を振り返りながら、それぞれの銀行の必死の努力をたたえた。「先週は恐怖やパニックをあおる動きもあった。だが私はこの業界が地域社会に平静を取り戻す並々ならぬ挑戦を目の当たりにした。顧客に手を差し伸べ、中には携帯電話を公衆にさらした人もいた。遠く離れた場所の銀行が破綻したからといって、自分たちは変わらないということを思い出してもらうためにだ」。ニコルズは地域に根ざしたスモール・ビジネスを支えるリレーションシップ・バンキングへの強い思いを熱く語った。

数百人が駆けつけた会場の熱気が最高潮に達したのは、イエレン米財務長官が登壇した瞬間だった。歓迎ムード一色になったのは、事前に講演の内容が公表されていたからだ。銀行経営者の関心は、米財務省などがＳＶＢなどに適用した預金の全額保護をほかの銀行にも適用するかどうかに絞られていた。拍手で迎えられたイエレンは「より小さな金融機関が預金流出に見舞われ、それが広がる危険がある場合には同様の措置が正当化される可能性がある」と草稿通りに踏み込んだ。「これで預金流出のリスクは低下するかもしれない」。会場の参加者の間にそんな安堵が広がった。

　銀行にとって預金は経営の根幹であり、それを公的な枠組みでどこまで保護するかは、金融規制の根幹に位置する。すべての預金を政府が守ってしまえば、無理なリスクをとってでも稼ぐ銀行経営者が増える恐れがある。米国が大恐慌を受けて１９３４年に預金保険制度を導入した際、フランクリン・ルーズベルト大統領は制度そのものに反対していた。一方で預金保険がなければ企業や個人は安心して銀行に預金を預けることができず、大手銀への預金集中などを招く弊害がある。折衷案として米国が取り入れたのが保護対象に上限を設ける考えだった。これはペイオフを解禁した日本も同じだ。

　米金融当局は3月12日の時点で、ＳＶＢとシグネチャー・バンクの預金について上限が25万ドルを超える部分も含めて全額保護すると公表した。預金が返ってこなかったという深刻な声が人々の不安心を高め、次の預金流出と銀行破綻を招くのを防ぐ狙いがあった。だがここで簡単に「次も全額保護する」と言ってしまえば、全米の預金者に「保険の上限は事実上、撤廃された」という甘えを生むことになる。このため例外措置であることを強調した。この時取材した米ピーターソン国際経済研究所シニアフェローのニコラス・ベロンは、たとえ例外であっても預金の全額保護は不要だったはずだと厳しい意見だった。政府に頼る心理が働き、なし崩し的に適用範囲が広がってしまうという懸念だった。

　だが地銀に預金を預けている利用者からすれば、自分の預金が守られるかどうかハッキリしないなら大手銀に移すことを考える。「守ってもらえるかも」と利用者に安心してほしいが、「必ず守られるはずだ」と銀行経営者に甘えてほしくない。預金流出が広がるならさらなる預金保護の拡大に言及しても良いが、言わずに済むならやり過ごしたい。イエレンが直面したこのジレンマと危機の深度を値踏みするような姿勢に、銀行業界は歯がゆい思いをしていた。

　ホワイトハウスやFRBは、ＳＶＢが預金保険の対象外となる高額預金の比率が突出して高い特殊な銀行だったことを強調し、危機が広がらないという論陣を張っていた。このためイエレンは今回の一件だけで預金保険の枠組みを変えてしまうことには慎重だったとみられる。銀行協会のイベントの翌日の3月22日、イエレンは米連邦議会上院の小委員会で議員に預金保険の取り扱いを追及された。イエレンはここで25万ドルとなっている保険適用の上限引き上げは考えていないと発言。この考え自体は従来から変わらないのだが「預金保護の拡充に後ろ向き」とみた市場は金融不安の再拡大を懸念して株価下落で反応した。イエレンは翌日に臨んだ下院の議会証言で「必要ならさらなる措置を講じる用意がある」と慌てて修正せざるを得なかった。

ＦＤＩＣは5月1日、預金保険制度の拡充を求める報告書を公表した。デジタル技術で預金の流出スピードが速まっていることを踏まえ、事業会社の決済口座に対象を絞って保険を手厚くする案を最有力とした。22年12月時点では口座の99％が預金保険の対象になっているが、金額ベースでみれば無保険の預金が全体の46・6％を占める。この比率は１９４９年以降で過去最大だ。背景となる預金全体の増加は、ほかならぬＦＲＢの量的緩和が背景となっている。無保険の預金が特定の銀行に集中すれば「銀行が暴走する可能性が高まり、金融の安定を脅かす可能性がある」。ＦＤＩＣの報告書は時代の変化への対応を迫る内容だった。

カリスマの安心感

過去にイエレンと短時間ながら2人で話をする機会があり、これまでもっともハードな仕事は何だったか聞いたことがある。日本より女性活躍が進んでいる米国でも、女性が誰も就任することがない重職には「ガラスの天井」があると表現される。ＦＲＢ議長（14～18年）、そして財務長官（21年〜）とイエレンはそのガラスを割り続けた。彼女がどの時代の経験を語るのか興味があった。

彼女は10秒ほど考え、２００８年のリーマン危機を挙げた。次の日に何が起きるか分からない、少し先が暗闇のような状態は過去に経験したことがなかったという。私は少し意外な気がした。イエレンは危機の時は、まだサンフランシスコ連銀の総裁だったし、金融システムの危機対応の実務より労働経済学の専門家としての印象が強かった。ちなみにイエレンの夫はノーベル経済学賞を受賞したジョージ・アカロフ氏である。

この時のやりとりを思い出したのは23年3月30日の講演だった。イエレンは危機対応が自分のキャリアの大きな部分を占めていたと強調した。「アジア通貨危機、ドットコム危機、世界金融危機、新型コロナの混乱など米国の金融システムが数々の重大な混乱に見舞われるのをみてきた」と自負した。過去の危機対応とその後に強化された金融規制が新型コロナ禍でのショックを緩和した点を強調したうえで「私は混乱がもたらす恐怖と不確実性を深く理解している」とＳＶＢ破綻後の対応を信頼するよう力強くアピールした。

イエレンは半年前、財務長官を交代するかどうかの瀬戸際にいた。一連の発言は、続投を決めたバイデン大統領の判断が正しかったと言わんばかりだった。

交代説が強まったのは中間選挙を控えた22年10月ごろだった。民主党政権で経済政策のアドバイザーを務めた経験のある一人に聞くと「米議会との向き合い方」に問題があったという。たとえばイエレンが「底辺への競争を終わらせる」と主導したグローバルな最低法人税率。新たなデジタル課税との組み合わせで法人税率の引き下げ競争に終止符を打つ枠組みには、21年10月に１４０カ国程度が合意した。だがこれは野党・共和党から「権限もないのに米議会の頭越しに合意した」と強い反発を受けた。先導した米国が自ら国際社会の合意を反故（ほご）にするシナリオはなおもくすぶる。テレビでインフレの強さを当初読み誤っていたと認める発言をしてしまい、ホワイトハウスからひんしゅくを買ったこともあった。

22年12月。再任のカギとなるイベントを取材した。米南部テキサス州にあるフォートワース造幣局で開かれたドル紙幣への署名式だ。ドルの紙幣は右下に財務長官、左下に出納局長のサインがある。出納局長が空席となっていたため、実はバイデン政権の最初の2年間は紙幣がトランプ前政権の財務長官、スティーブン・ムニューシンのサインのまま印刷されていた。このタイミングで「イエレン印」のドル札を新たに刷り始めることは、バイデンがイエレンに出した「続投」のサインだと関係者の間で受け止められていた。のちの米メディアの報道によると、

自分のサインが入ったドル紙幣を確認し、笑顔のイエレン米財務長官、米南部テキサス州、22年12月

バイデンが再任を本人に伝えたのはこの署名式の少し後だった。

行き帰りの航空便から車列まで随行して分かったことは、飾らない彼女の人柄とファンの多さだった。まず驚いたのはワシントンからフォートワースに向かう機内で、エコノミー席に座る彼女を見つけたことだ。「並んでいますか？」。そう尋ねてトイレを待つ姿に気づいた一部の乗客がざわついても本人は慣れた様子だ。降りた後は黒塗りの大型車が車列を組む厳重警護となったが、米メディアの番記者によると普段は大きいスーツケースを自ら引いて歩くという。帰りの機内も同じで、混み合うなか先に着席した彼女はスマホでパズドラ（パズル＆ドラゴンズ）とおぼしきゲームに熱中していた。

「お金のにおいを楽しんで」。インクのにおいが広がる造幣局では職員らが大勢のゲストを案内していた。若い女性職員に話を聞くと、何度もリハーサルをして備えたという。「イエレン財務長官を尊敬している」と語る目は少し潤んでいた。「女性として史上初めてのＦＲＢ議長であり、初めての財務長官」。お決まりのフレーズで紹介されたイエレンは観衆から割れんばかりの大きな拍手で迎えられた。

　バイデンがイエレンの再任を決めたのは政府債務の法定上限問題というやっかいな事案を抱えていたからだとされる。債務残高は23年1月に31・4兆ドルの上限に到達し、米議会の承認を得て引き上げや一時停止をしなければ債務不履行（デフォルト）に陥ってしまう事態に陥った。6月にその効力を一時停止するまで、交渉には半年を費やした。この間、イエレンは政権の閣僚でありながら、冷静な言動で警鐘を鳴らし続けた。普段は激しい質疑が当たり前の米議会でも、イエレンに対しては野党議員からもどこか一目置いている雰囲気があった。

　金融危機に発展するかもしれなかった米地銀の相次ぐ破綻を一定の範囲にとどめ置くことができたのは、財務長官の椅子に人望と経験を併せ持つイエレンが引き続き座っていたことの安心感が大きかったのではないかと思う。

3　強まるＦＲＢ批判

「居眠りをしていたのか」

「金融政策と金融規制。彼は任された重要な仕事を2つとも失敗した」。こう糾弾したのは、与党・民主党の上院議員エリザベス・ウォーレンだ。21年の議長再任人事にも反対した筋金入りの「アンチ・パウエル」。現職のＦＲＢ議長を「危険人物」とまで言い切る激しさだった。

彼女は中間選挙前から利上げに疑義を呈していた。開票を1週間前に控えた22年11月1日には左派議員11人を集めて公開質問状を提出。「何百万人もの労働者の生活を明らかに無視している」として将来、失業者がどれほど増えるのかを人種や性別、学歴ごとに細かく開示せよと迫った。「物価上昇を抑えることができないまま経済を停滞させる危険がある」とあからさまな不信感を隠さなかった。

当時は元財務長官のサマーズが米テレビで「（中央銀行への）政治的圧力は愚者のやること」

と批判するなど、同調は広がらなかった。減速するとみられていた経済が好調さを維持していたことも利上げへの懐疑論に水をかけた。ところが、米銀の破綻という「目に見える失敗」はこうした論調に変化をもたらした。

「ＦＲＢは1年以上前から危険を知っていたのに決定的な是正措置を取らなかった。居眠りをしていたようにしか見えない」。3月28日の公聴会では、野党・共和党のティム・スコット上院議員がＦＲＢの金融監督担当副議長のマイケル・バーに詰め寄った。監督を担当していたサンフランシスコ連銀は、急成長を続けるＳＶＢのリスクを何度も指摘したが、状況を改善できていなかったことも明らかになっていた。

この危機的な状況を前に、ＦＲＢとホワイトハウスは絶妙な「共闘」を演じた。まずパウエルが3月22日の記者会見でＳＶＢについて「ひどい経営だった」と言及し、今回の件が特殊なケースだったと強調した。続いて28日の公聴会では、バーがトランプ前政権時に実施された中堅銀行への規制緩和によって、ＦＲＢの監督権限が弱まっていたことを指摘。30日にはバイデン大統領が金融規制の強化を当局に要請した。

ＦＲＢがＳＶＢの破綻について検証報告を公表したのは4月28日だ。まだ検証も終わっていないのに、破綻からわずか3週間足らずで議論の方向性を決定づけた。

バーは「銀行の経営が失敗し、金融監督が失敗し、規制システムが失敗した」と責任を認める発言をしたが、監督の失敗についてＦＲＢ内の誰かを処分するかと聞かれ否定している。「監督の失敗はＦＲＢの責任だが、悪かったのはトランプ前政権の規制緩和」という訳だ。

6月の議会証言では共和党議員の多くが金融規制の強化に反対する意見を表明した。もはやＦＲＢへの批判ではなく、規制強化にまい進するＦＲＢに対してビジネスへの影響を懸念する地元の商業銀行の声を伝える内容だった。金融監督の失敗もろとも金融引き締めへの警戒論が出てもおかしくない局面だったが、攻撃するはずの議員らがいつの間にか「防戦」に追われる立場に変わっていた。

身内から疑念の声

異論は思わぬところから出てきた。地域金融の専門家として18年に理事に就任したＦＲＢのミシェル・ボウマンだ。5月12日にドイツで行った講演では、規制強化論に一石を投じた。「すべての銀行破綻をなくすことはできない」「銀行システムからリスクを排除することが政策当局の任務ではない」。銀行破綻をすべて防ごうとすると過剰な規制になってしまう。また、銀行がリスクをとれなくしてしまえば、銀行がやってきた役割をシャドーバンク（影の銀行）[*24]が代替することになる。規制の及ばない領域で新たなリスクがたまり続ける方が問題ではないか、という問いかけだった。

彼女はかねて銀行業界の規制に懐疑的な考えを表明していた。厳しくしすぎた結果、銀行の新規参入が激減しているためだ。米連邦預金保険公社（ＦＤＩＣ）によると年平均の新規認可件数は２０００～07年の１４５件から、10～22年は6件弱に落ち込んでいる。リーマン危機を境に「氷河期」に入っているのだ。

米国は90年代半ばまで1万を超える銀行がひしめく「ローカル銀行大国」だった。法改正などを契機に統合が進み、22年には４１３５行となっている。

「銀行の機能は必要だが、今ある銀行は必要なくなる」。90年代のビル・ゲイツの言葉は金融サービスの利用者の目線として、的確に将来を言い当てていた。だが当局の目線からみればどうか。歴史的に危機を引き起こしてきたのは利回りを求めてリスクの高い案件に資金を回す行為だ。その銀行機能が別の主体に移れば、今度はそこの規制・監督が必要になる。

＊24　**シャドーバンク（影の銀行）**

銀行を介さずに行われる融資など金融取引の総称。狭い意味では中国を中心に広がる「理財商品」などの高利回りの金融商品を指す。ファンドなどノンバンク全体の貸し出しを広く指す場合も多い。米国ではＭＭＦ（マネー・マネージメント・ファンド）や投資信託を仲介した運用が中心となる。厳しい銀行向けの規制がないため、定義が曖昧で実態もつかみづらい。

ボウマン講演の翌日、新潟市で開かれていた主要７カ国（Ｇ７）の財務相・中央銀行総裁会議は、共同声明を採択して閉幕した。声明はＳＶＢの破綻をきっかけに広がる金融不安に対して監督・規制当局と緊密に連携する必要性を強調。ひとまず具体的な規制強化には踏み込まずに「デジタル時代の信用不安を念頭に、銀行部門の監督や規制のギャップ（隙間）に対処する」と記述した。すでに決まった規制や監督の実施を徹底する必要があるという趣旨だ。

イエレンは銀行だけでなく、ノンバンクへの規制強化を訴えている。４月21日には自らが議長を務める米金融安定監視評議会（ＦＳＯＣ）がファンドや保険会社を含むノンバンクへの規制・監督の強化策を公表した。これもトランプ時代の緩和を巻き返す狙いがある。個別のノンバンクを重点的に評価する対象に加えるのに最大で６年もかかる「不適切なハードル」が作り出されていると警鐘を鳴らした。

トランプ大統領の指名で理事になったボウマンの苦言は、ＦＲＢの政治的なバランスを象徴的に示す一件だった。物価の安定と雇用の最大化を目指す金融政策では、普段政治的な対立が意識されることは少ない。民主党の左派がより強く雇用への配慮を求めるが、金融政策の独立性は重く見られている。ただこれが金融規制になると党派対立はあからさまになる。

きっかけはリーマン危機の後、民主党のオバマ政権が10年に成立させたドッド・フランク法

（金融規制改革法）[*25]だ。厳しい規制に直面した銀行業界は16年にかけて政治献金を倍の４７００万ドルに増やし、共和党を中心に政治への関与を強めていった。その努力が結実したのがトランプ政権で実現した19年の規制緩和だった。

ＦＲＢの理事の任期は14年もある。それぞれの任期は、途中で理事が辞めて別の人が補充されても変わらない。たとえば22年5月に就任したクック理事は前任から引き継いだ任期が24年1月で終わるため、すぐさま再任の承認を米議会から得る必要があった。７人の理事の任期が2年ずつずれているのは、4年ごとの大統領選、そして中間選挙で変わる政治力学を緩やかに反映するためとみられている。

仮に過激な大統領が誕生しても、ＦＲＢの理事会には過去のさまざまな政権で任命された理事がおり、金融規制の流れを一気に変えることはできない。大統領は3選が禁止されており、たとえ同じ政党の政権が続いても中間選挙で米議会の勢力図が変われば思い通りの人事を強行することはできない。

政権が規制強化にカジを切り、大きな流れが生まれたなかでも、身内から公然と異論が出て

＊25　**ドッド・フランク法（金融規制改革法）**　２００８年の米金融危機の反省から、オバマ政権が10年に導入した包括的な金融規制。金融機関が自己勘定で高リスクの取引をしないよう求めるボルカー・ルールなどが柱。正式名称はドッド・フランク・ウォール街改革・消費者保護法。

くる。今回の一件はＦＲＢが内部に政治バランスを保てていることを示したと言えるかもしれない。

4　利上げ打ち止めへ

「巡航高度が近づいた」

ＦＲＢは22年12月のＦＯＭＣで利上げ幅を0・5％に、23年2月会合で通常の0・25％に縮めた。「飛行機は離陸するときは急角度で高度を上げるが、目的の高度が近づくとやがて徐々に上昇スピードを緩め、最後は横ばいになる」。ウォラー理事は普段は控えているたとえ話を使って分かりやすく説明した。

「利上げの停止」は金融引き締めの終了ではない。経済を熱しも冷ましもしない金利水準のことを中立金利と呼び、それを上回った状態であれば金融は引き締まり続ける。その水準まで到達していなかった利上げの初期段階は「金融引き締めの強化」ではなく「金融緩和の縮小」だった。

飛行機は巡航高度に達したあと、目的地が近づくまでは高度を下げない。ウォラーのたとえはこの点で絶妙だった。「利上げを減速するのは、インフレ抑制に自信が出たため。つまり、利下げへの転換も近い」という市場の誤解をうまく解くことができるためだ。十分に引き締め的な水準が近づけば利上げは減速し、やがて停止する。ただし、2%の物価目標を達成することが確信できるまでは巡航高度を維持するというニュアンスを、このたとえはうまく表現していた。

FRBは量的緩和で拡大した保有資産を圧縮する「量的引き締め(QT)」を6月から始め、利上げの減速・停止にかかわらず数年間は縮小ペースを維持すると表明している。22年3月のゼロ金利解除は、量的緩和を縮小する「テーパリング」の終了をまって実施された。テーパリングとは、資産拡大のスピードを緩めることであり「引き締め」ではなく「緩和の縮小」でもない。あくまで量的緩和は強化し続けており、そのペースを緩めることだ。資産拡大という緩和の強化と、利上げという緩和の縮小を同時に行えば、同じ部屋で暖房と冷房を同時にかけることになる。この複雑な状況も22年3月まで利上げが遅れた要因になったとみる声がある。

それでも強い経済

利上げの減速後も、FRBは想定外に強い経済に翻弄されていた。利上げ幅を0・25%に戻した23年2月1日のFOMC後の記者会見で、パウエルは「ディスインフレ（インフレ沈静化）のプロセスが始まった」と自信を見せた。雇用者数の増加傾向は鈍化しつつあり、実質賃金も落ち着き始めていると強調した。だがこのトーンは直後に公表された1月の経済指標で修正を迫られることになる。

　わずか2日後の3日に公表された1月の雇用統計は、非農業部門の就業者数が前月から51万7000人も増えた。20万人を下回るとみていた市場予測の2倍以上だ。失業率も予想に反して低下し、3・4%と53年ぶりの低水準になった。歴史的な暖冬を背景に小売売上高も予想を上回る強さになり、CPIも上ぶれた。「利上げのペースを加速する用意がある」。3月7日、米議会上院での証言でパウエルはこう踏み込み、利上げの早期停止を期待していた市場では株価が再び急落した。

　SVB破綻はこの3日後のこと。3月22日のFOMCは、1年前と同じ「有事」のさなかでの利上げとなった。「銀行システムは健全で強靱（きょうじん）だ」。冒頭のパウエル発言をそのまま信じる記者はいない。まずは不安の広がりを防ぐことがこの会見での課題だからだ。そのうえでパウエルは「credit tightening」に注目すると強調した。相次ぐ銀行破綻によって融資などの与信環境が引き締まることを指す言葉だ。「利上げと同等かそれ以上に引き締め方向に左右する」可能性があると話した。

金融不安の再発を恐れて、銀行が企業にお金を貸しにくくなれば経済にはブレーキがかかる。これは一般的には良いことではないが、物価を抑えつけるというＦＲＢのミッションには追い風になる。危機の広がりを警戒して万全の体制を取りつつ、それが企業活動を冷やすこと自体は歓迎する微妙な期間となった。

5月2〜3日のＦＯＭＣも、1日に米地銀ファースト・リパブリック・バンク（ＦＲＣ）が破綻した直後で緊張感が高まるなか開催された。一度収まったかのように見えた金融不安が決算発表と同時に再燃し、大手銀による奉加帳方式の救済策では解決に至らないことが明らかになった。このころには米政府の債務上限問題も佳境に入り、米国債が史上初の債務不履行（デフォルト）に陥る偶発的なリスクが意識されていた。

声明文ではこれまで「追加の政策措置が適切」としていた表現を修正して「追加策がどの程度必要か決定する際には、これまでの金融引き締めの累積的な効果や経済や物価に時間差で与える影響を考慮する」と記した。今後の経済データ次第では利上げの停止も可能になる書き方だった。

リスクはくすぶり続ける

6月13〜14日のＦＯＭＣで、ＦＲＢは11会合ぶりに利上げを見送った。政策金利の指標であるフェデラルファンド（ＦＦ）金利はリーマン危機前のピークと同じ5・0〜5・25％。22年3月のゼロ金利解除から計5％の利上げ幅となった。

もっともインフレとの闘いはまだ道半ばだ。ＦＯＭＣ参加者が同時に公表した経済見通しは年内にあと2回分の利上げが中心となった。パウエルは家賃を除くサービス価格に沈静化の兆しが見えないと強調した。賃金の伸びは落ち着いてきたものの高水準で、人件費がコストの大きな部分を占めるサービス分野では価格転嫁の動きが当面続く見通しだ。

経済見通しの中心値では、物価上昇率が目標の2％に達するのにあと2年かかる。

一方で経済には下押し方向のリスクも高まっている。銀行融資の厳格化はＦＲＢが5月8日に公表した銀行融資担当者調査に明確に表れた。企業向け融資の厳しさを示す指数は1〜3月期に46ポイントとなり、22年10〜12月期から1・2ポイント高まった。リーマン危機や20年のコロナ禍に次ぐ厳しさだ。この調査でも際立ったのが、商業用不動産のリスクだ。コロナ禍による働き方の激変により、都市部のオフィス需要は明らかに減少した。こうした商業用不動産には中小銀行が融資をしており、価値低下の影響が顕在化すればショックが拡大する可能性がある。商業用不動産向けの融資態度は明確に厳しくなっており、銀行側の危機感が反映されていた。

23年7月、クリーブランド連銀のメスター総裁に単独でインタビューすることができた。次回以降の利上げ幅についてあと2回の利上げを示唆した6月の経済見通しは「妥当」と評価しつつ、今後の利上げ方針についてはデータ次第であることを強調した。米経済は予想よりも底堅く推移している。一方でこれまでの金融引き締めの効果が出てくるのはこれからだ。引き締めが甘くなって高インフレが長期化するリスクと、強く引き締めて経済を下押ししすぎてしまうリスク。一気に利上げを急いできた後は、ゆっくり時間をかけて見極めた方が良いというのがＦＯＭＣ参加者に共通するスタンスだった。7月会合で0・25％の利上げを実施した後も慎重姿勢は変わらなかった。

　パンデミックや戦争を契機とした歴史に残る大インフレと、その前で苦闘を続けたＦＲＢ。世界的な債務危機や金融不安、景気後退の懸念がなおもくすぶるなか、利上げは最終盤を迎えつつある。カリスマなき時代の議長と呼ばれたパウエルの、一つひとつの判断が最終的にどのような結末に結びつくのか。その評価は次代の検証を待つことになる。

Column 5

タブーになった気候変動

「ＦＲＢはもっと気候変動への取り組みを加速するべきだ」。２０２２年８月、米西部ワイオミング州で開かれたジャクソンホール会議。山荘の正面玄関の横に立て看板を掲げた国際環境団体「３５０．org」のエミリー・パークはこう訴えた。久しぶりの対面会議とあってコロラド州やアイダホ州など周辺からメンバーが集合し、熱気にあふれていた。

パークがモデルと考えるのは、欧州中央銀行（ＥＣＢ）だ。気候変動問題に関心の高いラガルド総裁がけん引する形で取り組みを加速した。中銀が社債を買い入れる際に温暖化ガス排出量や情報開示の充実度を考慮する。低評価になれば購入を少なくし、企業への動機づけとする狙いだ。日銀も21年12月から気候変動対応オペ（公開市場操作）を実施している。脱炭素に積極的な企業への投融資について、日銀がゼロ金利の資金を供給する。

中銀が前のめりになりすぎることへの慎重論はあっても、気候変動に対してさまざまな機関が取り組むこと自体を批判する声は日本や欧州ではほぼ聞かれない。

ところが、米国ではまったく事情が違う。気候変動というテーマが、極めて政治的な対立を呼び込むためだ。

23年1月、スウェーデンの首都ストックホルム。国際会議に出席したパウエル議長の講演は奇妙なものだった。「私の考えでは、ＦＲＢには気候関連の金融リスクに関して、狭い範囲ではあるが重要な責任がある。これらは銀行監督に関する我々の責任と密接に関連している。しかし、明確な議会立法がなければ、ＦＲＢが金融政策や監督手段を使って気候関連の目標を達成するのは不適切だ。我々は『気候政策立案者』ではないし、今後もそうではない」。回りくどい言い方だが、パウエルが言ったのはこういうことだ。気候変動が金融システムに与える影響は気にする。しかし、気候変動問題に対応するためにＦＲＢが動くことはない。

このかたくなな態度には伏線がある。

バイデン政権がＦＲＢの金融監督担当副議長に指名したサラ・ラスキン氏の人事を

米連邦議会が拒否し、22年3月には撤回を迫られた。共和党が「気候変動に積極的すぎる」と批判したためだ。金融機関を監督する際、エネルギー産業などへの融資規制に踏み込むのではないかという警戒が背景にあった。「業界や保守的な利益団体から根拠のない攻撃にさらされた」。ラスキン氏の辞退を発表したバイデン氏は怒りを隠さなかった。この混乱により、ＦＲＢの首脳人事は停滞。パウエルの再任人事も承認が大幅に遅れた。

　米国は資源国である。石油、ガス、石炭など化石燃料を扱うエネルギー業界の力は強大だ。政治資金の流れを調べる非営利団体「オープンシークレッツ」によると、その献金は12年あたりから急増し、そのほとんどが共和党に向かっている。

　しかも22年2月にロシアがウクライナへ侵攻して以降は、ガソリン価格が高騰した。「気候変動対策どころか、まずは化石燃料の増産で生活費の高騰を抑えるべきだ」という意見がますます増え、共和党はエネルギー業界に冷淡だったバイデンへの批判を強めていった。

　ただ党派対立を除いても、脱炭素社会への移行期にはエネルギー供給が不安定になりやすく、何らかのショックが起きたときにインフレを招きやすくなるという議論はある。ブレイナードは副議長を務めていた22年11月、供給ショックからインフレが起きやすくなっている要因の1つに気候変動対策を挙げた。企業がグローバル化に効率性を追求した結果、たとえば自動車の生産は地政学的なリスクでも部品供給が止まりやすくなった。長く低インフレに慣れきった世界経済は、実は供給サイドの変化によりインフレを起こしやすくなっており、その要因の一つにグリーンエネルギーへの移行も含まれているという指摘だ。

　もちろん各地で増える干ばつなどの異常気象こそが世界的に食糧価格の高騰などを引き起こしやすくなっているという指摘もある。物価を安定にするという意味でも気候変動対策は必要という考えだ。気候変動がインフレにもたらす影響については、まだ検証が進められている段階といえる。

　米国での論争が浮き彫りにしているもっとも大事な論点は、エネルギー政策は本来、財政政策で対応すべきという点だ。それは政府・議会の役割である。中銀がこの分野に深入りしすぎると、今度はその行為に反発した政治家の介入を生みかねない。苦労して守ってきた中銀の独立性を損なうリスクを、自ら招いてしまうことになる。

　中央銀行としてやるべき仕事の範囲について一線を引いたパウエルの発言は、単に政治リスクの回避というだけではない重みも持っている。

第六章

日本への示唆

１　ノルムの罠

「日本だけは例外だ」

米オハイオ州にあるクリーブランド連銀の本部。１階に設けられた子どもも楽しめるお金についてのミニ博物館に、面白い掲示を見つけた。インフレがなぜ悪いのか、という説明書きの下になぜか日本の５千円札が飾ってある。そこにはこんな記述があった。

「物価の下落（デフレ）も人々の行動に悪影響を及ぼし、経済を傷つけます」

「日本では１９９８年から２０１２年にかけて物価や賃金が下落あるいは横ばいになりました。日本の中央銀行は13年、お金の発行を２倍にしてデフレを克服すると発表しました。しかし、それは難しいことが分かりました。１９９０年代後半から２０００年代にかけて成長した多くの日本人は、賃金や物価の下落に慣れてしまったからです」

自分が育ってきた環境が世界の歴史のなかでも極めて特殊だったことに改めて気づかされ、

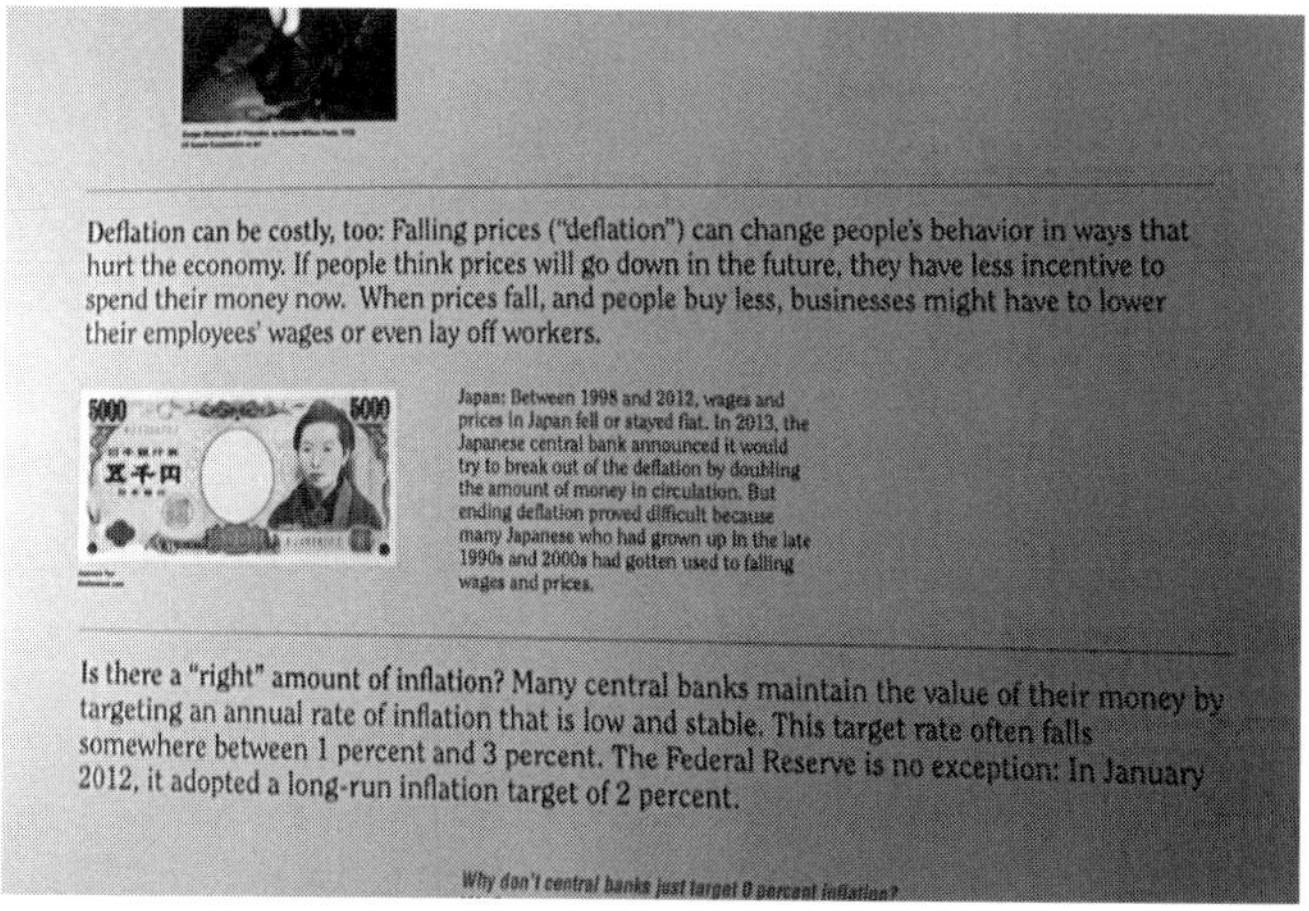

クリーブランド連銀の博物館に掲示されている日本の5千円札とデフレの説明書き、米オハイオ州、23年7月

複雑な気持ちになった。それと同時に13年からの日銀による異次元緩和の「失敗」がなんとも平易な言葉で表現されていることに苦笑いせざるを得なかった。あれから10年。日本はまだ経済の好循環という答えを見つけられずにいる。日本人にとって長期デフレはまだ歴史ではない。

2022年10月、米ワシントンの国際通貨基金（IMF）。年次総会に合わせて開かれた、金融当局の首脳OBらによる「G30」のイベントに、日銀の黒田東彦総裁（当時）の姿があった。「米国で起きたような大量退職と供給不足といった問題は、日本では起きなかった。雇用の安定を優先し、賃上げを避ける経営が行われてきたためだ。物価は上昇しないという前提がノルム（社会通念）となり、深く定着している」。高インフレという世界が抱える大問題とは隔絶されたような、いつもと変わらない日本の姿が米国では新鮮に映った。

「日本は特別だ」。ＩＭＦのヴィトール・ガスパール財政局長は半期に一度、定期的にインタビューで会うたびに同じ回答を繰り返した。日本でも消費者物価指数（ＣＰＩ）が目標を大幅に超えて上昇していると質問しても、それはあくまで一時的なものだという。

「日本は長い間、低すぎる物価上昇率に悩まされてきた。2％目標を数カ月上回っただけでは十分ではない。賃金の上昇率をインフレ目標の水準に調整することが非常に重要だ。日本で物価目標を持続的に達成するには金融緩和と財政出動の整合性が必要だと信じている。世界には特殊な課題を持つ国がある。日本はその典型例だ」（22年10月）

「日本は世界の経済の中で、1世代にわたって平均インフレ率がほぼゼロであった唯一の例だ。現時点でインフレ率は2％を超えているが、ヘッドラインインフレ率に影響を与える要因は非常に多い。日本におけるゼロインフレの経験は非常に長いので、現在の展開がどこまで続くかについては疑問符がつく」（23年4月）

有事の政策転換、遅くなる恐れ

労働力人口の減少など日本の経済の特殊性は論をまたない。だが新型コロナウイルス禍の前までは米経済も日本のようになると見られていたことも忘れてはならない。21年11月、サマーズ元財務長官は英ロンドン・スクール・オブ・エコノミクス（LSE）のイベントで「日本化(Japanization)」への警鐘を鳴らしていた。物価を差し引いた実質金利はマイナスが続き、そこから抜け出る困難さに多くの政策担当者やエコノミストが頭を悩ませていた。

その米国の経験が示唆することは、長期停滞が長ければ長いほど、その後に素早く状況の変化に応じた政策対応を打つことが難しくなるということだろう。なぜ低インフレと低成長が続くのか。その理由を説明するための理論は長期に渡り蓄積され、どんどんと頑健になる。「デジタル化やグローバル化による経済構造の変革など経済のコストを下げて低インフレを招く大きな流れがある。これは短期的な経済ショックでひっくり返るものではない」。パウエルはこう考えて高インフレを「一時的」だと強調し続けた。

いざ経済ショックに直面すると頼りになるはずの経済データは混乱する。これまでの経済モデルに頼った予測は新たな環境を見極めるうえでバイアスになる懸念すらある。23年7月に訪れたクリーブランド連銀では18年にできたインフレ研究センターを率いるエコノミストのエドワード・クノテックに話を聞くことができた。なぜインフレを予想できなかったのか。単刀直入に聞くと「労働供給、ボトルネック効果、サプライチェーンの混乱。ショックの規模と期間をリアルタイムで見抜くのは難しかった」と素直な答えが返ってきた。インフレの要因について本当に優れた研究はたくさん行われたという。それでも有事の予測は困難だった。経済ショック時に平時の議論を引きずって政策対応の機動性を失う「ノルムの罠」は、米国が残した重い教訓である。

2　債務のマグマ

中央銀行を縛るリスク

ノーベル経済学賞の候補にも名前が挙がるハーバード大のカーメン・ラインハート教授にインタビューをする機会があった。まだ米銀の破綻が起きる前の22年末のことだ。同大のケネス・ロゴフ教授と共著のベストセラー「国家は破綻する」の原題は「This time is different」。過去800年、人は何度も同じ失敗を繰り返しながらそれでも「今回は違う」と勘違いを続けてきた。超低金利を長期間続けてきた世界経済が高インフレという大波に直面するなか、次の危機をどう想定しているか聞きたかった。

「前回の危機と闘ってはいけない」。彼女がまず指摘したのは、この点だった。危機はいつも違う顔で訪れる。前回の危機、つまり08年の米リーマン危機後には、同じ失敗をしないよう金融機関に対する規制が強化された。米国ではトランプ前政権時代に一部で揺り戻しがあり、それがシリコンバレーバンク（ＳＶＢ）などの破綻を生む素地を作ったが、米財務省はそれまでの規制強化こそが危機の広がりを防いだと評価している。前回の危機時と比べて「今回は大丈夫」と安心することには意味がないという。

　では次の危機はどこから来るのか。ラインハートは官民で膨れ上がった債務の問題を指摘した。金利が低ければお金を借りやすくなる。通常は貸し倒れのリスクに見合った利息を要求されるため途中でバランスが働くが、長期間のゼロ金利政策と世の中に出回るお金の量を増やす量的緩和政策によってそのバランスが失われつつある。そのうえで彼女はその問題が中央銀行の行動を制約するという形で新たな問題を引き起こす可能性に言及した。

　途上国の過大に膨らんだ債務の問題は、世界的な金利上昇とドル高によって深刻になった。それまでほぼゼロだった利払いが、金利上昇局面になって急に増える。その時点で債務残高が膨らんでいれば、そのときのショックは比例して大きくなる。「中銀が金融の安定を懸念して引き締めや実質金利の引き上げを行うことが難しくなり、政策金利を低く維持する可能性がある」という。

　日本の場合、たとえば住宅ローンが分かりやすいかもしれない。10年固定のローンを組むときは月々の支払いが割高な固定金利のローンと、割安な変動金利とで悩む。日銀が10年間利上げをしなければ、トータルでみて変動金利で組んだ方が正解だったということになる。黒田総裁が異次元緩和を導入した２０１３年４〜６月に４割強だった変動型の契約比率は、23年には７割になった。「インフレを起こす＝いつか金利を上昇させる」という日銀の意気込みとは裏腹に、世間はゼロインフレの長期化を見透かすようになった。この結果、将来、日銀が利上げをした際に家計の金融取引に与える負担は比較的大きくなっている。

国内総生産（ＧＤＰ）比でみた日本の政府債務は10年の２０６％から23年には２５８％となる。先進国では突出した規模だ。大半の国債を購入しているのは日銀。ラインハートが指摘した「身動きがとれない中銀」のパターンにすでに入っているようにもみえる。ほとんどが自国通貨建てのためすぐに金利上昇といった危機にはつながっていないが、財政悪化が続けばいずれ海外の保有比率も上昇しかねない。その場合は有事に金利が上昇しやすくなるリスクもある。

財政議論が活発な米国

「連邦政府の予算は持続不可能な道を歩んでいる。遅かれ早かれ対処する必要がある」。パウエルは23年６月の議会証言でこう発言した。あまりにも当たり前のように言ったためか、それを報じるメディアもなかった。日銀総裁がこんな発言をしたら、日本ではそれなりの記事になるのではないかと思う。中銀は独立性を尊重されており、政権は軽々しく金融政策に口を挟まない。そしてその逆もしかり、という考えは浸透している。

この議会証言は、米連邦政府の債務上限問題がようやくまとまった数週間後に実施されたものだった。政府債務の法定上限を超えれば米国債はデフォルト（債務不履行）に陥る。その危機を「人質」にして、政権・与党に政治的な譲歩を迫る駆け引きはあまりにもリスクが高い。同じくデフォルトの手前まで交渉がもつれた11年に共和党議員を説得するため米議会の廊下を奔走した経験を持つパウエルにとっては特別な思いがあったに違いない。結果的にデフォルトは回避できているが米国債は11年に史上初の格下げを経験し、信認は低下している。

政治的な駆け引きが毎回危機を招く仕組みは確かに問題が多いが、政府債務を巡る議論が活発な点には健全さがある。民主党は歳出拡大を志向するが、一方で財源として大企業や富裕層からの増税を掲げる。実際に22年8月に成立したインフレ抑制法は大企業に最低税率を導入し、10年間でならしてみれば歳出を大幅に上回る歳入になる。もちろん増税は政権交代で撤回されるリスクがある。ただ、中間選挙の前に増税法案が成立するという点が日本とは異なる。一方の共和党は歳出削減と減税という「小さな政府」を求めている。

米国も共和・民主のどちらか、あるいは独立系の新たな政党が「歳出拡大と減税」という大衆迎合的な政策を打ち出せばより幅広い票を獲得できるのではないかと思ってしまうが、寡占的な二大政党というバランスがそれを防いでいる。仮に共和党が歳出拡大で低中所得層向けの補助金を拡大したところで、民主党の支持層がくら替えする可能性は低いだろう。民主（青）

と共和（赤）の色分けは住む地域や教育、銃規制や人工中絶を禁止するかどうかといった諸問題にわたって浸透しているためだ。

もちろんそれでも米国のシステムが良好な結果を残している訳ではない。債務残高のＧＤＰ比は10年の95％から23年には１２２％まで増える見込みとなっている。基軸通貨のドルを持っている以上、米国債は世界各国の政府や投資家から求められ続ける。甘えが通用する特殊な事情もある。

私は渡米前、新型コロナ禍のさなかに財務省担当として巨額の補正予算が成立するのを見てきた。危機が収まったあとも選挙が近づけば政権が「経済対策」と銘打って大型の補正予算を組む。歳出の拡大と減税という「アメ」ばかりを主張する野党もある。有事に潤沢な財政支援を打ち出すことは問題ないが、兆円単位の予算がそれぞれ本当に必要なのかという議論が公にならないままの成立過程には疑念が残った。

米議会予算局（ＣＢＯ）は法案ごとに経済成長率や財政に与える影響を時期ごとに細かく試算して公表している。インフレ法制法が短期的にインフレをほぼ抑制しないことも、明らかにしている。当然ながら、それが法案の成立過程で議会の議論に影響を与えることも多い。日本の場合はこうした独立財政機関がなく、議論の土台がない。さらに与党が決める税制改正大綱は予算と切り離されており、統一した試算がさらに困難だ。私は東日本大震災の直後の11年に日本経済研究センターというシンクタンクで研修した際、経済予測で財政分野を担当した。予算の一つひとつを分析して経済成長を押し上げる規模を試算しようとしたが相当な難度だと痛感した。日本にもＣＢＯのような組織が必要だと思う。

　蛇足になるが、いずれ日本で起きるとされている大震災への備えも議論が深まっていないと感じている。債券市場に精通した金融関係者や有識者らが国債管理政策を話し合う「国の債務管理の在り方に関する懇談会（通称「在り方懇」）」では、南海トラフ地震など突発的な事態に市場を維持できるかどうか懸念する声が出ていた。日本では巨額の財政負担につながる事態が想定されていながら、そのリスクを米国のハリケーンのように再保険という形でグローバルな投資家に分散することすらできていない。

　次の危機がどのような顔で来るのかは誰にも分からない。「今回は違う」という理由はいくらでも挙げることはできる。だが本当に「今回は違う」と言い切れるのか。その問いかけは絶えず続けなければならない。

3　連携は十分か

組織を横断するキャリア

　ホワイトハウスの隣にある米財務省。その国際担当財務次官の部屋には、額に入れて歴代の写真が飾ってある。その顔ぶれは実に多彩だ。元財務長官のローレンス・サマーズや「テイラー・ルール」のジョン・テイラー、米金融大手シティグループのグローバル・チーフ・エコノミストになったネイサン・シーツ、ニューヨーク連銀総裁を経てリーマン危機後に財務長官に就任したティモシー・ガイトナー、米金融大手ベアー・スターンズのエコノミスト出身で世銀総裁を務めたデービッド・マルパスらだ。

　その中で紅一点、際立って目立つのがＦＲＢ副議長だったラエル・ブレイナードである。23年2月、バイデン大統領はブレイナードを国家経済会議（ＮＥＣ）の委員長にあてる人事を発表した。ＦＲＢ副議長の人事が正式に議会に承認された22年5月から1年もたっていない。だが政権にとってホワイトハウスで経済政策の調整を担うＮＥＣ委員長はＦＲＢ副議長より重要なポストと言える。

ブッシュ政権は06年にバーナンキをＦＲＢ議長にする前に、経済政策の立案についてアドバイザーとなる米大統領経済諮問委員会（ＣＥＡ）委員長を短期間だけ経験させたことがある。いくらＦＲＢの独立性が重視されていたとしても、ホワイトハウスの政策決定過程について知り、ネットワークを作ることが重要という判断だったとされる。

こうした流動性の高いキャリア形成は、組織間の連携を強めるのに有利に働く。それを実感したのは23年3月のシリコンバレーバンク（ＳＶＢ）破綻の後の対応だった。金融規制当局を束ねる米金融安定監視評議会（ＦＳＯＣ）の議長はイエレンであり、その隣には議長時代に理事として仕えていたパウエルが座っていた。ホワイトハウスのカウンターパートはブレイナードである。銀行破綻が起きてから一通りの対処法を公表するまでに与えられたのは数日しかなかった。土日も夜中もスマホ一つで即時着金の送金が可能になるこれからの「デジタル預金流出時代」では、さらにスピード感のある対応が求められる。

薄れる銀行破綻処理の記憶

日本の金融機関の破綻は、03年の足利銀行以降、この20年間では10年の日本振興銀行ぐらいだ。日本振興銀行は預金などの払戻保証額を元本1千万円とその利息までとする「ペイオフ」を発動する初の事例となったが、決済機能を持たない特殊な経営モデルだったため影響は大きくなかった。日本の金融当局は実戦を経験した人が退職して現場からいなくなるという新たな問題に直面している。

この間、大蔵省から分離した金融監督庁は2000年に金融庁となり、中途採用などを増やして財務省とは異なる組織文化を育んできた。今の金融庁幹部は大蔵省で採用されたキャリア官僚で昼休みは道路を隔てた財務省の食堂に食べに来る人もいる。だが幹部候補に広がる「財金分離」は、将来金融危機が国会まで飛び火した際にコミュニケーションの問題を生むかもしれないと懸念する声がある。

米国もかつての日本も、銀行に対する公的資金の注入は一般的には政治的に不人気な選択肢だ。ところが金融庁はかつてタブーだった公的資金の注入を地銀に対して進め、銀行を潰さない安全網を一段と手厚くした。銀行経営が揺らいだ場合、経営者と株主には必ず責任をとらせると大統領が強調する米国とは大きな差がある。米国の金融規制は銀行を潰さないことではなく「潰せない銀行を作らないこと」に主眼が置かれている。銀行への公的資金注入は経済の心臓部分である金融機関のイノベーション（技術革新）を停滞させるリスクも伴うほか、将来思わぬところで世論の反発と混乱を招く懸念もある。

図14　日本の政府債務は高水準（GDP比）

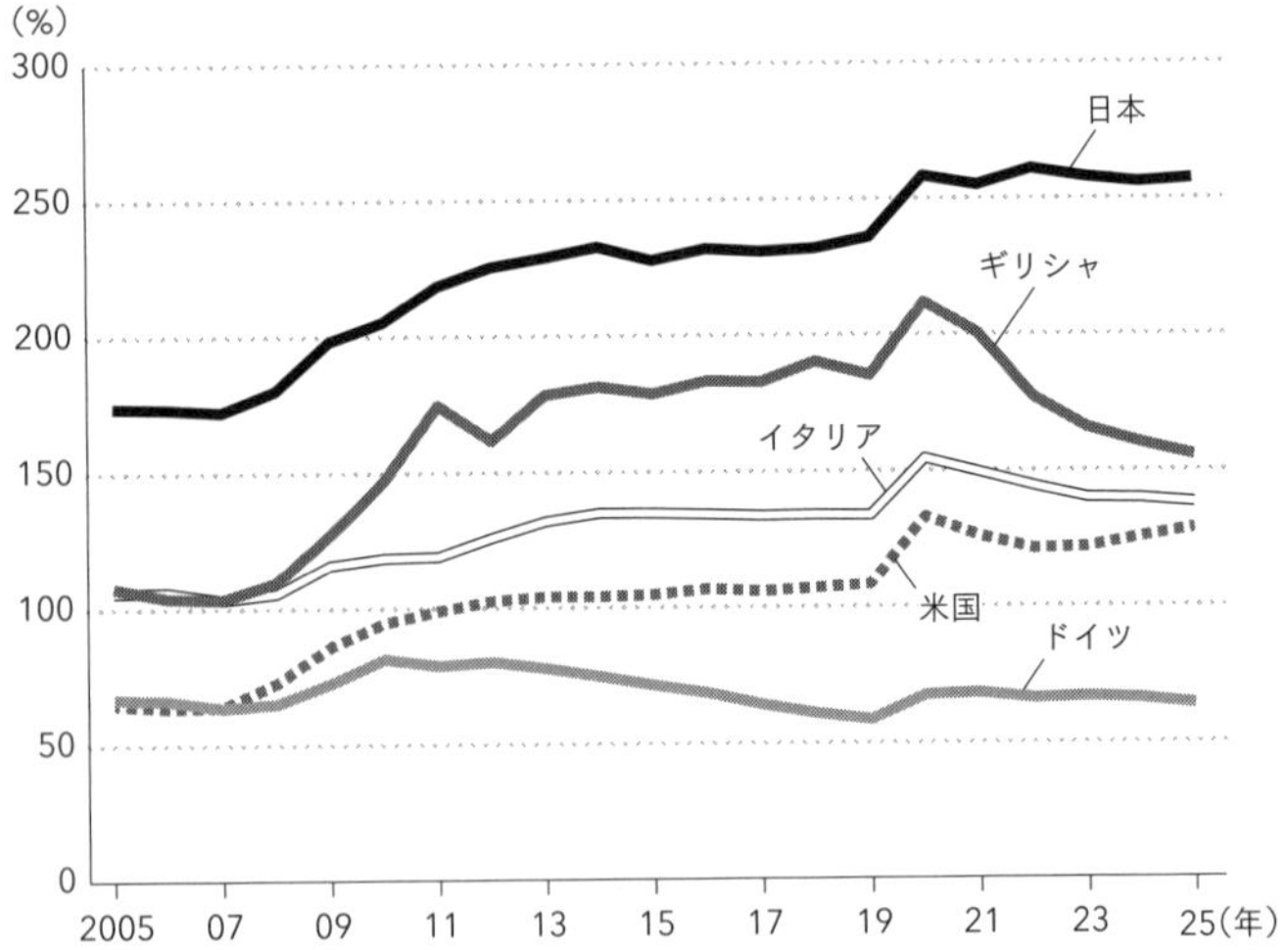

出所）IMF
注）22年以降は予測

米国では「銀行システムは健全」と誰もが認め、実際に財務基盤が十分に手厚いなかでも管理を間違えた銀行が破綻した。そしてそういう銀行が一つでも出ると、金融不安の芽はなかなか消えることがない。SVBの破綻後は、ワシントンに住む人の中でも地銀から大手銀に資金を引き揚げる人がいた。日本でも、いつ、どのような形で危機が起きるかは分からない。たとえば官民の両方で幹部を経験したことのある人材の育成など、より柔軟で連携のとりやすい組織運営が求められている。

4　議論を取り戻せ

外部発信が少ない審議委員

日銀の担当をしていた時代、もっとも印象深かった取材先が21年11月に亡くなった中原伸之・元審議委員だった。私が日銀取材の現場を統括するキャップだった17〜18年、チームメンバーの取材に同席して何度か話を聞かせてもらった。元東燃（現ＥＮＥＯＳ）社長を務めた後、98年の新日銀法施行と同時に審議委員になった経歴を持つ。ハーバード大大学院修了というエリートながら易占いに詳しく、当時の安倍晋三首相と頻繁にメールするなど、枠にはまらない格好良さがあった。

いわゆる「リフレ派」が多く参加する景気循環学会で会長を務め、金融緩和に積極的なスタンスで知られていた。２０００年８月のゼロ金利解除に、当時の植田和男委員とともに反対票を投じた硬骨の人だ。日銀には知られないよう外部に経済分析などに協力してもらう「チーム中原」を作っていたのだと教えてくれた。日銀という組織に飲み込まれることへの警戒心があったのは明らかだった。18年3月、新日銀法20年に合わせた企画記事のインタビューでは「いまの政策委員は外部からの接触が制限され、孤立無援で事務方の経済見通しや政策に賛成せざるを得なくなっているのでは」と懸念を示していた。

実際、担当をしていて審議委員の外部への発信の少なさは気になっていた。FRBと比べると、日銀の政策委員の公の場での発言が圧倒的に少ない。審議委員の考えを外部の人が直接知る機会はほぼ年2回の講演と記者会見だけだ。連銀総裁がしょっちゅうテレビに登場し、発表されたばかりの経済統計についてキャスターと議論しているのをみると、文化の違いは歴然としている。

アベノミクスを越えて

12年12月に第2次安倍政権が誕生して以降、日銀を巡る人事は極めて特殊な状況下にあった。かつて日銀の消極姿勢を厳しく攻撃していた岩田規久男が副総裁となり、新たに入ってくる審議委員の人事もすべて「リフレ派」になったためだ。日銀の企画局のラインは「公務員」として異次元緩和という大きな路線転換に対応しつつ、実際にはさまざまな理論武装で金融政策運営の主導権を握り続けている印象があった。

植田和男・日銀総裁はオープンな議論を取り戻せるか

　議論がオープンにならない弊害が顕著に出たのが、16年にサプライズでマイナス金利政策を導入した時だ。直前の日銀総裁の国会答弁でも「におい」を出さず、なぜその政策を選んだのかが分からない市場関係者は混乱して、日銀の想定とは逆の円高が進んだ。

　私は当時、金融機関の担当をしていた。当時は三菱UFJフィナンシャル・グループ（MUFG）の平野信行社長が「（家計や企業の）懸念を増大させている」と苦言を呈し、大きな反響を呼んだ。当時聞いた言葉が「万機公論に決すべし」というものだ。明治政府が掲げた政治理念である「五カ条の御誓文」の一つで、密室ではなくオープンな議論で物事を進めようという趣旨だった。銀行経営を圧迫する決断を日銀が下したことへの怒りではなく、そもそもなぜ議論をしないのかといういらだちを強く感じた。

23年2月、史上最長となる10年の任期を終えた前総裁に代わり、植田和男総裁が誕生した。岸田政権ではようやく「リフレ」ではない人が審議委員に選ばれるようになった。アベノミクスという壮大な実験を終え、日本は金融政策と財政政策の在り方について感情的な対立を超えた議論を取り戻せるタイミングにある。

世界的なパンデミックや戦争、巨大な財政支出、そして歴史的な高インフレと銀行破綻。FRBやバイデン政権の前には数々の試練が立ち塞がった。時には判断を間違えたり、不当な攻撃を受けたりすることもあった。だが、そのすべてのタイミングで米国は議論することを止めなかった。最終的には問題の所在を明らかにし、それを修正していく力強さは、今の日本にこそ求められている。

インタビュー

Interview

1

（ロイター／アフロ）

アラン・ブラインダー氏

（元FRB副議長）

Alan Stuart Blinder

ビル・クリントン政権で経済諮問委員会の委員を務める。1994〜96年にアラン・グリーンスパン議長のもとで副議長を務め、利上げに関わった。

２０２２年12月に実施したこのインタビューで印象深かったのは、米連邦議会とＦＲＢとの関係についての認識だった。２％の物価目標は政治が決めるべきだと議会に求めてきたが、彼らがそれを避けたという。政府・日銀が２％目標を掲げた共同声明の見直し論議がくすぶる日本にも示唆がある。

――景気の軟着陸（ソフトランディング）は可能ですか。

「もしあなたが中央銀行のメンバーなら、景気後退を予測したくはないだろう。自己実現的な予言を生みかねない。私はソフトランディングの確率はまだ5割以下と考えているが、発表されるデータを見ているとその確率は高まっていると思う」

――家計や企業のバランスシートは健全なため、景気後退が起きたとしてもそれほど深刻なものにはならないだろうと言うエコノミストもいます。

「私もそう言っているエコノミストの一人だ。不況が来たとしても、深刻な不況ではなく、穏やかな不況になるだろうと考える理由はいくつもある」

「私はインフレ率の低下についてかなり楽観的な見方をしている。成長を示す経済指標は、小売上高や住宅などが減速を示している。米国と世界経済全体を苦しめてきたサプライチェーンのボトルネックは劇的に軽くなった。これは、太平洋横断の輸送コスト、ロサンゼルスやロングビーチの港での荷揚げの遅れ、段ボール箱のコストなど、どれをとっても言えることだ。もう昔のような悪い時代には戻らないと思う」

――２０２３年に利下げを行う可能性はありますか。

「ほぼゼロだろう。もし23年に深刻な景気後退に陥るのであれば、金利は引き下げられると思う。しかし、景気後退がまったく起こらないか、あるいはごくわずかな景気後退であればそれほど急速に金利を引き下げるとは思わない」

――最大の海外経済リスクは何ですか。

「欧州が深刻な景気後退に陥れば、米国の需要や欧州への輸出に影響が出る。気になるのは、日本がイールド・カーブ・コントロールを放棄した場合、その後どうなるのかということだ。もし私がＦＯＭＣのメンバーだったら、そのことを考えるだろう」

――日銀は何をすべきでしょうか。

「日銀は日本経済を支援することに躊躇すべきではない。日本のインフレ率は世界のほかの国々と比べても非常に低いので、インフレとの闘いについて心配することはないだろう。インフレ率が２％ではなく３％になっても、短期間なら破滅的な出来事にはならない」

——米国で24年になってもインフレ率が高止まりすれば金融引き締めを続けることに反対する人が増えるかもしれません。

「インフレ率が２％台になれば、ＦＲＢは２・０％を目指してどんどん引き締めることにはそれほど惹かれないと思う」

——日本ではインフレ目標を誰が決めるのかという議論があります。もし議会が２％目標の引き上げを要求したら、ＦＲＢはそれに抵抗できるでしょうか？

「答えはおそらくイエスだ。私が言う『抵抗する』とは、それを法制化しないよう十分な数の議員を説得することだ。私は以前から、政治がインフレ目標を設定し、そのインフレ目標を追求する自由を中央銀行に与えるべきだと考えてきた。ＦＲＢがその数字を議会が決めるのではなく、自分で決めてしまうのは残念なことだと思う。しかし、議会にはその意欲がなかった。だからＦＲＢが介入し、空白を埋めて『よし、目標を２％に設定しよう』と言ったのだ」

「もし議会が連邦準備法を改正して別の目標を法律で定めれば、ＦＲＢはその別の目標を追求する義務を負うことになる。それは、私が定義する中央銀行の独立性を侵害することにはならないと思う。強調しておきたいのは、議会がそんなことをするとはとても思えないということだ。そうなったら私はショックを受けるだろう」

——パウエル議長はこれまで良い仕事をしてきたと思いますか。

「答えはイエスでもありノーでもある。ジェイ・パウエルも含めて誰もが知っているようにＦＲＢが利上げを始めたのは遅すぎた。最近の彼らの行動については、かなり高く評価したい。私が驚いたのはＦＲＢが遅すぎたという批判だけでなく、ＦＲＢが一度に0・75％も利上げすることへの批判も耳にしたことだ。金利を早く上げることで追いつかなければならない。その点で、私は彼らを高く評価している」

Interview

2

ジェイソン・ファーマン氏

（元大統領経済諮問委員会委員長）

Jason Furman

2008年の大統領選からバラク・オバマ元大統領の陣営に参画。13〜17年にはホワイトハウスで経済諮問委員会（CEA）委員長を務めた。現在はハーバード大ケネディスクール教授。

経済学の知見のみならず、ワシントンの政治回りに精通した人物。２０２２年12月に実施したこのインタビューではパウエル議長を抜擢した裏話に加え、その理由となった債務上限問題の再来について強い危機感を示していた。債務上限を巡る政権・野党の交渉は23年6月、米国債のデフォルト（債務不履行）の直前まで攻防が続いた。

——米政府の債務が法定上限に近づいています。11月の中間選挙で米連邦議会の下院は野党・共和党が過半数となり、上限の引き上げは難しい状況です。危機を回避できると思いますか。

「債務上限は信じられないほど愚かな問題だ。財政危機は誰もその国に融資したがらないから起きる。米国は世界で唯一、借金をしたくないために財政危機に瀕している国だ。危機に陥る可能性は（オバマ政権で金融混乱を招いた）２０１１年以来で、もしかしたら過去最高かもしれない。共和党下院議員が責任ある行動を取るのは本当に難しいだろうが、彼らなしでは不可能だ」

——米国は23年にも景気後退に入るという見方があります。

「米国は景気後退に入るか、４％以上のインフレが続くか、どちらかだと思う。景気後退がなければ、高インフレになるだろう。不況になれば、インフレ率は下がるかもしれない。インフレ圧力の最大の要因は労働市場にある。このままだと賃金の伸びはインフレ率を本来あるべき水準、つまりFRBが目標とする水準より2ポイント押し上げる可能性が高い。賃金上昇率の鈍化が必要であり、労働市場が緩まない限りそれは起きない」

――労働力問題に対して政府やFRBは何ができるのでしょうか。

「FRBにできることはほとんどないと思う。FRBが政策を決定する際、現時点ではこの問題を所与のものとして受け止める必要がある。新型コロナウイルス禍の後、我々は学校を再開したり、失業保険を打ち切ったり、託児所を開設したりすれば労働力の不足が解決すると考えていた」

「一方でホワイトハウスと議会は多くのことができる。もっとも大きなことは移民の受け入れ拡大だ。米国で働きたい人はたくさんいる。もうひとつは、育児休暇や有給休暇を充実させることで、女性の労働能力を拡大することだ。より多くの男性が働けるようにするのは難しいが、私たちが行ってきたインフラへの投資のいくつかは助けになるだろう。コロナ禍が始まる前から、労働力率はすでに低すぎると思っていた。しかし、今はさらに悪化している。つまり、現在進行形の構造的な問題なのだ」

――失業率が上昇を続けたとしても、FRBは早期の利下げ転換を避けるべきでしょうか。

「ＦＲＢは２つの異なる層から圧力を受けている。一つは失業率の上昇を恐れるリベラルな民主党議員だ。またイーロン・マスクのような大企業の経営者も、高い金利で利息を払うのが嫌なのか、利上げに反対している。だが失業率が４・５％を超えるまでは、ＦＲＢは緩和を考えるべきではないと思う。事態が不安定になれば、利上げを一時停止するのはまったく問題ないことだと思うが、最初の利下げにはかなりのハードルがあると思うし、そうであるべきだ」

――パウエル議長のリーダーシップについてどう思いますか。

「彼の最大の長所は好かれていることだ。最大の欠点は、彼は好かれるのが好きだということだ。彼が好かれているという事実は、ほかのＦＲＢ議長が持つよりも彼に政治的な余裕を与えている。彼は議会をうまく取り仕切った。問題なのは、好かれる理由というのは、好かれたいからであることがあるということだ。好かれることに慣れてしまうと、不人気になることが難しくなる」

「私はオバマ大統領のもとで、彼をＦＲＢ理事に選んだプロセスの一員だった。債務上限の問題では、議会の共和党議員の多くに不人気だったにもかかわらず、勇気を持って立ち上がり、真実を語った共和党支持者の一人だった。彼には、正しいと思うことのために立ち上がった歴史がある。そして、その歴史こそが、彼がこの事態を乗り切る際によりどころとするものだと思う」

――米国のインフレ率が3％を超えた水準で高止まった場合、インフレ目標の引き上げについて議論される可能性は。

「インフレ目標を変更する議論が、ホワイトハウスから出ることはないだろう。彼らはインフレを下げることを最優先事項としている。インフレは不人気だ。インフレ目標が変更される可能性がもっとも高いのは、インフレ率が3％台から抜け出せなくなり、誰もがインフレを問題視しなくなり、FRBが受動的に高いインフレ目標を受け入れることだ」

「ある時点で人々は気にしなくなると思う。今はまだインフレを気にしているが、いつまでも続くとは思わない。インフレ率が下がり、それがコントロールされているように見えれば、私たちの関心は生活のほかの問題に移るだろう」

Interview

3

（ロイター/アフロ）

カーメン・ラインハート氏

（ハーバード大教授）

Carmen M. Reinhart

マクロ経済学、国際金融論の研究実績でノーベル経済学賞の候補としてもたびたび名前があがる著名な経済学者。国際通貨基金（IMF）勤務などを経て2020年から22年まで世界銀行の副総裁兼チーフ・エコノミストを務めた。

共著のベストセラー「国家は破綻する」の原題は「This time is different」。８００年の歴史をひもとき、経済危機の繰り返しがいつも「今回は違う、今回は大丈夫」という錯覚から来ることを浮き彫りにした。２０２２年12月の時点で彼女は今回も同じだと説明した。

——世界同時不況は来ると思いますか。

「その可能性は高いと思う。これまでの指標をみる限り、欧州は非常に厳しい状況にある。どれも、かなりの程度、広く予想されていたことを裏付ける内容だ。米国は複雑な状況だ。まだ金融引き締めの効果が十分に表れているとは言えない」

「過去の金融引き締めの時期を振り返ってみても、誰もが期待しているようなソフトランディング（経済の軟着陸）はほとんど起こっていない。米国は１９９４年から95年にかけて一度だけ利上げ後の軟着陸を経験している。しかし、当時のインフレ率はわずか３％だった」

「２０１３年までの10年間を思い起こせば、中国の平均成長率は約10％だった。今、中国はそこにいない。08年の金融危機後に世界経済の回復をけん引した機関車はもはや存在しない」

——米国の次の景気後退はそれほど深刻なものにはならないだろうと言う人もいます。

「2008~09年のような先進国経済のショックが再び来るかといえば、そうは思わない。しかし、私が言うように、『今回は違う』症候群のようなものがあると思う。リスクを過小評価するのはいい考えではない。当時のような過剰に拡大した(家計や企業の)バランスシートはない。しかし同時に、金融財政政策を修正する必要性など08~09年にはなかったリスクもある」

「市場はまだ、すぐにでも金融緩和政策に戻り、低インフレ率に戻ると期待している。私にとっては、これも『今回は違う』現象だ。良いことは永遠に続くが、悪いショックは非常に一時的なものだと考えてしまう」

「(家計のバランスシートは)確かに08~09年よりは良くなっているように見える。しかし、金融引き締めが非常に深刻な不況を引き起こした1982年よりはずっと悪い。事実上、家計の負債レベルは80年代前半のほぼ倍になっている」

――世界経済の減速が金融危機を招く可能性は。

「08~09年の再来はない。だが問題が前回(の危機)と同じようなものになると考えるのは、常に間違いだ。世界金融危機の後、中核的な銀行セクターは重要な強化が図られた。しかし、中核的な金融システムの外にも多くのリスクがある。ロシアとウクライナの戦争や、中国の内向きでグローバル志向の低い政策など、地政学的な緊張が高まっている。インフレ率は40年ぶりの高水準にあり、世界金融危機の時とは違っている。さまざまなリスクが顕在化している」

――コロナ禍前には長期間の低成長・低金利時代がありました。

「実質金利のマイナスは借金をするインセンティブになる。公的債務をさらに増加させるという現実的なリスクがあると思う。企業のレバレッジも上昇している。債務残高が増えれば、中央銀行が金融の安定を懸念して引き締めや実質金利の引き上げを行うことが難しくなる。そのため、中央銀行は金利を低く維持する可能性がある」

「もし中央銀行が高水準の公的債務や民間債務によってますます制約を受け、脆弱性やリスクによって緊張を強いられるようになれば、事実上、中央銀行は独立性を失い、インフレと効果的に闘う能力を失うことになる。それが現実的な懸念だと思う」

――FRBと欧州中央銀行（ECB）は金融政策に関して正しい判断をしたと思いますか。

「FRBの行動は遅かった。ECBはさらに遅かった。非常に長い間、インフレのショックはコロナ禍後の一時的な現象であって本当に行動する必要はないというシナリオがあった。そしてそのために是正措置が遅れた」

「FRBは0・75%のペースで利上げを続ける必要があったのか。私はそうは思わない。中銀は何をするのか、長期的に一貫しているかどうかが大事だ。パウエル議長がすぐに（緩和方向に）方向転換できるような兆候を示しているとは思わない。市場は希望的観測に浸っているように思う」

「労働市場には構造的な不均衡があり、労働参加率は戻っていない。現段階では依然としてタイトな（人手が足りていない）状態で、それがどの程度で回復するかは不透明だ。労働市場に緩みをもたらし、インフレ率を低下させるためには、より長い引き締めが必要になるかもしれないというのがFRBの考えであることは明らかだ」

――もし2024年までインフレ率が3～4％で推移したら、FRBやECBに対する信認は維持されるのでしょうか。

「正直なところ、人々の物価上昇率予想（インフレ期待）が安定していることに驚いている。インフレ率が3％であれば、おそらく信頼性は問題にならないだろう。インフレ率が5％から6％程度にとどまるようであれば、信頼性に影響が出ると思う」

Interview

4

デービッド・マルパス氏

（元世界銀行総裁）

David R. Malpass

米金融大手ベアー・スターンズのチーフ・エコノミストなどを経て、2017〜19年に米財務次官（国際担当）。19年4月にトランプ政権の推薦を受けて世銀総裁に就任した。

ポイント：退任間近の2023年5月、総裁として最後のインタビューだった。任期中は自身がライフワークと認める途上国の債務問題に奔走。その原因を生んだ金融政策、そして問題の解決を阻む中国政府への怒りがにじむ内容となった。

——世銀は2023年の世界経済成長率を2%と予測しました。低成長と高インフレが途上国の負債を増大させていますが、どのような対策が必要でしょうか。

「20カ国・地域（G20）はケースバイケースで債務問題に対処している。それぞれのケースに必要なステップは異なる。債権者委員会を結成し、債権者間で債務額を調整し、債務処理に関する合意を目指す。一つひとつのステップに時間がかかりすぎて、債務救済に至らないことを懸念している」

——政府関係者やエコノミストは、途上国への最大の融資国である中国の対応が遅すぎると批判しています。

「私は中国だけでなく、民間債権者やG20のプロセスについても、より迅速なプロセスを提唱してきた。いずれもスピードを上げる必要がある。特に中国は、各国に対して債務救済を実際に提供する合意に進んで協力する必要がある。国際通貨基金と世界銀行ができることはいろいろある。一つは（交渉前に）支払いを停止できるスタンドスティルを認めること。そうすれば、債権者に合意に達するよう圧力をかけることができる」

「IMFと世銀、特に世銀は非常に借り手に有利な条件で支援できる。それは中国との再編交渉の助けになる。（23年春から始めた）グローバル・ソブリン・デット・ラウンドテーブルは債務者と債権者全員が同時に参加する点で重要だ。公的な債権者の狭いグループが状況を議論し、後日、ほかの当事者を参加させる。そうすることで、中国のさまざまな債権者にもっと圧力をかけることができると思う。発展途上国を支援するという究極の目標に向けて、中国に圧力をかけたり、一緒に歩むよう促したりすることもできるだろう。つまり、中国がより迅速に行動するよう、誘い、求め、促すのだ」

「これまでのところ、債務再編の成功例はない。私は注意を喚起する点で具体的な前進があったと感じている。カーメン・ラインハートが世銀に加わったことは非常に喜ばしいことだった。彼女は債務問題への取り組みにおける主要な学術的リーダーである」

——23年春は米銀の破綻で金融不安に陥りました。銀行セクターの混乱は収束したと思いますか。

「株式市場全体は安定している。だが分野ごとの企業価値が大きく変化している。それは、一部の金融機関で保有資産の償還期間が長くなり、負債とのミスマッチが生まれたためだ。このプロセスが完了するまでには、かなりの時間がかかる。金利がゼロに近い状態が10年以上も長く続き、通常の金利に合わせるには時間がかかるからだ。その一方で日米欧の政府債務は大幅に増加し、民間部門に対する金融圧力に拍車をかけている」

「２００８年の危機後、ＦＲＢなど中央銀行は市場介入を行い、資産を買い増し、バランスシートを拡大した。その後数年間はバランスシートの規模を縮小すべきだった。そうすれば、世界中の多くの金融機関でみられるようなマチュリティ・ミスマッチ（資産の償還期間と負債のズレ）という問題は避けられただろう。中銀自身も資産の歪みを抱えている」

――利上げペースの速さについてどう思いますか。

「22年に利上げを開始するのは遅すぎたというのがコンセンサスだと思う。インフレはさまざまな要因が絡み合って起きた。政府支出が大幅に増えたこと、金利が低く抑えられすぎたこと、そして生産能力が十分でなかったことだ。先進国政府は歳出の伸びを減速させる方法を検討すべきで、中銀はインフレに関してより多くの手段を用いるべきだ。中銀が償還までの期間の長い資産を大量に保有することで、グローバルな資本フローはより長期の資産に向かうことになる。その結果、企業は運転資金や短期的な借り入れが非常に難しくなる。世界の資本市場は成長を支援しない方向にシフトしてしまった」

――もし10年前に戻れるとしたら、政策立案者にどのようなアドバイスをしますか。

「財政政策と金融政策の両方を見直し、より成長志向の政策にする必要があると思う。一般的には、財政規律が必要だ。先進国はそれぞれ、政府支出の伸びを抑える方法を持つ必要がある。中銀は保有する債券について満期を迎えた順に減らす方法を模索すれば、成長への恩恵があると思う。世界的な資本配分のバランスが良くなるからだ」

――世銀総裁としての任期を終えるにあたり、最大の功績は何だと思いますか。

「世銀が開発途上国の人々のために良い結果を出すことに強く焦点を当てた。これは世銀の職員を活気づけた。もうひとつは、成長の重要性と成長を阻む障壁を世界規模で特定することに成功したことだ。私たちは、世界が直面している債務問題と成長問題をいち早く認識した」

「私が世銀で成し遂げたこと、誇りに思っていることの一つは、スタッフやマネジャーとの交流の深さだ。定期的に世銀の職員と会い、彼らのアイデアを聞き、彼らを鼓舞してきた。世銀のスタッフは素晴らしい集団だと思うし、何度も危機に見舞われた際に素晴らしい仕事をしてくれた」

Interview

5

アダム・ポーゼン氏

（ピーターソン国際経済研究所所長）

Adam Posen

マクロ経済政策や金融問題を専門とする経済学者。ブルッキングス研究所やニューヨーク連銀などでエコノミストとして活躍し、2009〜12年には英イングランド銀行で政策委員を務めた。知日派として知られる。

ポイント：２０２２年８月のジャクソンホール会議。山荘でインタビューした際は利上げによる欧州や途上国経済への打撃を懸念していた。ここに収録したのは23年5月、日本が議長国を務めた主要７カ国首脳会議（Ｇ７広島サミット）を控えてインタビューした際のもの。一連の引き締めを振り返り、ゼロ金利解除が遅れたＦＲＢには手厳しい批判を繰り広げた。

――改めて20年以降のＦＲＢの動きをどう評価しますか。

「20年3～4月の金融緩和は次に何が起こるか分からないなかでの緊急対応だった。しかし私は21年2～3月までに金融引き締めに向けた準備を発表すべきだと主張してきた。住宅ローン担保証券（ＭＢＳ）の購入を中止すべきだった」

「米国救済計画法（レスキュープラン）で財政刺激が大幅に増えていた。6カ月後、インフレが顕著になっても彼らは金融政策を調整しなかった。非常に短期間で無視できるという意味合いで『一時的』という言葉を使っていた。私たちの多くがそれは間違いだと言い続けてきた。遅くとも21年9月までに引き締めを開始すべきだった。あれが大きな間違いだったのだ」

「22年8月のジャクソンホール会議でパウエル議長が明確に金融引き締めのメッセージを送り、

基本的にすべてのFOMCで全会一致になるまで議論を尽くしたことは良いキャッチアップだった。(米銀の破綻を招いた) 金融監督を除けば、この6～9カ月間にFRBがやってきたことは正しかった」

「私がもしもFOMCの投票権を持っていれば、あと数回の利上げに投票する。労働市場は極めてタイトで、インフレ率は再び上昇するリスクがある。過去3年間を考えるとインフレ率が低下するという考えの信頼性は低下している。年内に利下げ転換があるとみている市場の予測は不合理だと思う」

——世界経済は中国やロシアなど分断の危機にあります。

「国境を越えた投資やアイデアの移動、技術基準、ヒトの移動、ビジネスネットワークなど分断は長期的に悪影響を及ぼす。インフレ抑制法や半導体補助金法は同盟国との貿易も歪めようとしている。グリーン技術の世界的な普及は遅れ、より高価なものになる。バッテリーなどの規格も地域ごとに異なるようになるだろう」

「電気自動車（EV）やバッテリーへの補助金は短期的な技術革新につながるが、補助金競争は他国にも広がり、保護・優遇されたそれぞれの国の大企業が『ナショナル・チャンピオン』として自国の製品を使った生産に取り組むことになる。有益な競争が減り、優れた技術が勝ち残ることがなくなり、最終的に技術革新は落ち込むことになる」

――イエレン米財務長官は地政学的なリスクを考慮した供給網の見直し「フレンド・ショアリング」について保護主義ではないと反論しています。

「半導体や特定の鉱物など、米国や日本のような民主主義国家が敵対的な政府の支配下にない信頼できる供給源を確保しなければならないという考えは構わない。しかし、それは非常に限定的な議論だ。それが当てはまる業界や場所は限られている。米国は『お前は友達だ、お前は友達じゃない』と選ぶことなく、複数の供給先を持ち、資源を備蓄し、貿易を行うことができるはずだ。フレンド・ショアリングの最初の意図が保護主義的なものでなかったとしても、実際にはそのようになると思う」

――Ｇ７を中心とした連合はロシアの外貨準備を凍結し、ロシアの原油価格に上限を設けました。ドルという国際金融システムを支配しているからできた案件が多いですが、これが脱ドルを加速させるきっかけになる可能性はあるのでしょうか。

「伝統的な経済学では、通貨は勘定の単位であり、価値の貯蔵であり、請求書発行や債務決済に使う貿易の道具である。それに加えて『基軸通貨としての地位』と呼ばれるものがある。自国内で公的債務を発行でき、自国通貨建てで公的債務を発行でき、他国が保有したがる通貨のことだ。これらの基準すべてにおいて、米国は優位を保っている。ドルが支配的であることに変わりはない。米国が金融制裁をやりすぎたとしても、ほかのものが基軸通貨にはなれないだ

「アルゼンチンは、中国との貿易債務を人民元で決済すると発表した。これはあまり意味がない。二国間の貿易赤字のようなものだ。結局のところ、世界中のあらゆるものが人民元で払えるようにならない限り、最終的にはアルゼンチンであれ誰であれ、中国から買わないものを手に入れるためには手にした通貨をドルに切り替えたくなるだろう」

あとがき

新聞記者の醍醐味は、現場に行くことです。重要人物の講演を要約し、分析するだけなら人工知能（AI）で可能になるでしょう。ただふとした表情や息づかい、聴衆の反応から別の取材先、現地記者からの情報まで、現場にいないと分からないことは山のようにあります。

40年半ぶりの高インフレを現地で体感しつつ、歴史的な利上げに邁進するFRBを間近で取材できたことは、経済記者として本当に貴重な経験でした。

このような機会を与えて頂き、さらに書籍を出すことを快諾して相談に乗っていただいた会社の先輩方、普段から一緒にチームとして取材してきた同僚記者、そして執筆にあたり貴重なアドバイスを頂いた日経BPの方々にこの場でお礼を申し上げたいと思います。

なにより、子育てを任せきりにして渡米した夫を笑顔で送り出してくれた妻と、テレビ電話でいつも元気をくれた長女・長男には感謝しかありません。

２０２３年８月

高見　浩輔

著者紹介

高見浩輔

たかみ・こうすけ

日本経済新聞ワシントン支局首席特派員

1980年生まれ。03年日本経済新聞社入社。編集局社会部、名古屋編集部、日本経済研究センター、商品部を経て経済部。日銀、金融機関、財務省担当のキャップを担当し、22年から現職。

パウエルFRB 迷走の代償

2023年9月15日　1版1刷

著者　高見浩輔　

発行者　國分正哉

発行　株式会社日経BP
日本経済新聞出版

発売　株式会社日経BPマーケティング
〒105-8308
東京都港区虎ノ門4-3-12

装幀　新井大輔(装幀新井)

組版　マーリンクレイン

編集　石純馨

印刷・製本　株式会社シナノ

ISBN 978-4-296-11870-0

Printed in japan

本書籍に関するお問い合わせ、ご連絡は下記にて承ります。
https:/nkbp.jp/booksQA